100%仕事で折れない
感情マネジメント

日本唯一の「感情コンサルタント®」
神谷海帆 著

JN057878

Clover
クローバー出版

100％仕事で折れない　感情マネジメント

はじめに

「願望」という言葉にあなたはどんなイメージを持っているでしょうか？

「とてつもなく壮大な願い」「おいしいケーキが食べたいという小さな幸せ」


大きくても小さくても、奇跡でも日常でも、それらは全て願望です。

願望に良いも悪いも、立派もお粗末もない。誰が判断するものでもなく、あなたが望めばそれは全て願いです。


「自分が望む未来を実現させたい」そう思う人は多いでしょう。

それでは、どうしたら叶うのか？


「あの人のようになりたい」憧れや尊敬する人がいるかもしれません。

どうしたら、なれるのでしょう？

「これまで必死に努力してきた。それでもなぜか満たされない。何かが違うと感じる」

それは、なぜでしょう？

ＡＩの進化やインターネットが蔓延する社会だからこそ、幸せな人間関係を築きたい。誰かを愛する幸せと愛される幸せを手に入れたい。

どうしたら、人と深くつながることができるのでしょう？

どうしたら、愛される人になれるのでしょう？

私が一番お伝えしたいのは、願望を実現させるための「具体的な手段」です。

これを実行したらなぜ叶うのか？　という根拠ではなく、どうしたら叶うのか？　という方法です。

例えば、あなたは電子レンジがなぜ物を温めることができるのか考えたことがありますか？　誰もが深く考えずに、温めボタンを押して、便利な機能を使っていることでしょう。この温めボタンのような、願望実現のボタンがあるとしたら、どこにあって、何色をしているのでしょうか？　どうやって探せば見つかるのでしょうか？

人によって色も形も存在する場所も違うけれど、誰にでも共通の探し方がある。この方法を、あなたにも手にしてほしいのです。

この願望実現ボタンは、感情と大きく関係しています。

大抵の人は、ネガティブな感情を悪いものとして避けています。ネガティブな感情の渦中に立ち続けることはとても苦しく、勇気がいることで、多くの場合、今の苦しみだけでなく、しまい込んできた過去の痛みにまで触れることになるからです。

私は自分の感情と向き合うことが得意で、ネガティブな感情も大好きです。「私はなんてダメなのだろう」と深い泥沼に落ちていき、身を切り裂く痛みも、「あんなヤツいなくなればいいのに」というドス黒い気持ちですら、愛おしいと思えるのです。

「なぜネガティブな感情が好きなのか？」と聞かれれば、ネガティブな感情には必ず、メリットや未来を切り拓くヒントがあり、ネガティブな感情こそが、人生を展開させていくということに確信を持っているからです。

あなたにとってネガティブな感情を例えるとしたら、どんな言葉になるでしょうか？

「心に住みつく黒い塊」「湖に沈んで積み重なったヘドロ」といった、嫌なイメージかもしれませんが、実際には理想の未来を実現させる〝宝の鍵〟、新しい世界へ続く〝輝く扉〟なのです。

とはいえ、「感情と向き合いましょう」と言われても、ピンとこないかもしれません。

感情は「手段」だからです。

目標達成を妨げる根本原因をなくし、早期達成への促進や、想定以上の良い結果、自分のいる場所を引き上げるために必要不可欠なツールです。

ツールは使うもので、振り回されるべきものではありません。理想を現実化し、自身の未来を自分で創っていくためには、感情が重要な要素であり、感情を抜きに、願望達成や行動や幸福は語れないのです。

さらに、感情からのメッセージを読み解くことで、あなたは自分自身の才能や本質に出逢うでしょう。

本書では、願望と感情について順を追って、分かりやすく伝えています。

また、多くの人がつまずくポイントについても解説していますので、あなたがもし困ったことがあったとしても、その答えのヒントはきっと本書のどこかにあるはずです。本書をきっかけに、あなたの人生が展開し、理想が実現したら、こんなに嬉しいことはありません。

さあ、これからあなたの理想を思い描き、子どものようにワクワクしながら、実現させるためのヒントを思う存分受け取ってください。

Part1　なぜ負の感情が重要なのか？

Part2　願望達成の感情マネジメント

Part3 未来を創るキーポイント感情

Part1　なぜ負の感情が重要なのか?

第1章

幸せな感情で満たされている人が大切にしていること

◉感情はコントロールしないほうが上手くいく

一般的にネガティブな感情は良くないもので、いつもポジティブな状態であることが良いとされています。

チームや組織で目的に向かって動く時に、

「そんなの無理……」

と初めから諦める人がいたり、
「こんなこともできないのか！」
と怒鳴り散らす人がいたら周りもやる気をなくし、嫌な気持ちになりますよね。

ネガティブな感情は自分にも周りへも、良くない影響を与えるので「感情はコントロールすべき」と思っている人が多いでしょう。

これを証明するかのように、世の中にはコントロールの仕方に関する情報は山ほど溢れています。

好ましい状態でありたいからこそ、いつもポジティブであろうと努力をしてはみるものの、現実には職場の身勝手な部下に呆れ、仕事ができない上司に腹が立ち、家に帰れば、自分を理解してくれないパートナーにうんざりする。

あなたの毎日の生活には、ネガティブな感情の引き金となる出来事が、たくさん溢れていませんか？

嫌な気持ちが次々出てくるけれど、良くないものだからなかったものにしたい。あれこれ努力するけれど、やっぱり上手くいかない。こんな自分は人として器が小さいと、自分を責めてまたネガティブに陥る。

このような繰り返しに悩む人が多いのではないでしょうか？

ネガティブな感情をポジティブに変換することは、一時的には可能です。

身体と心は一体なので、例えばスキップをすれば、ネガティブな感情はなくなると言われています。ただし、これはあくまでも一時的なものです。

アファメーション（肯定的な宣言）も同じようなもので、ポジティブになることができても、数日で元に戻ってしまったり、何かをきっかけに、また同じ思いをするようなことが起きたりするのです。

この一時的なポジティブ変換は、まるでネガティブな感情を箱の中に入れ、心の奥底にしまい込むようなものです。

しまい込んだだけなので、なくなったわけではありません。ネガティブな感情は箱

の中で確かに存在し、むしろ「まだここに残っているよ」とメッセージを発し続けているのです。このメッセージこそ、後日元に戻ってしまうからくりなのです。

それでは、ネガティブな感情はどうしたらよいのでしょうか？

カウンセリングでは「クライアントさんが感じている世界を、あたかも自分のことのように感じること」を大切にしています。

どんな感情であれ、たとえ世間や一般常識で悪いとされている感情であったとしても、「否定をせず」「ありのまま」受け止めます。

受容し、共感することが、感情を癒すことにつながるのです。

私はカウンセラーの資格を持っていますが、お伝えしたいのはカウンセリングを受けろということではありません（必要な状況である時は別です）。

カウンセラーが「あたかも自分のことのように感じる」とするところを、自分で自分に行えば、あたかもではなく、

「自分の感じている世界を自分がそのまま受け止めて、共感する」
自分の世界は自分が一番理解できるはずなのです。

どんな感情が出てきたとしても、そのまま受け止め、肯定し、感情に寄り添うことが、ネガティブな感情の癒し＝ネガティブな感情を本当の意味でなくすことになるのです。

感情は自然と湧き上がってくるもので、感じないようにすることはできず、なかったことにもならないのです。

感情はコントロールせず、そのまま肯定して受け止め、ただそっと寄り添うことが、感じている辛い感情や痛みから、結果的に早く抜け出すことになるのです。

◉幸せな成功者ほど困難に感謝する

ネガティブな感情が良くないものとされているのには、周りへの影響や目標達成、生産性向上など様々な理由があるでしょう。
事実、成功者がネガティブな感情をむき出しにしている姿はあまり見かけないと思います。

成功者は、ネガティブな感情を抱かないのでしょうか？

私はいろいろな方に質問をしたことがありますが、返ってくる答えはみなさんほぼ同じです。

「人間だから、もちろんあるよ」

どんな成功者も、多くの人から憧れの存在である人も、悲しみや悔しさや自己否定や不安などの感情を抱いているのです。

ネガティブな感情を抱くのは誰でも同じなのに、幸せな成功者との違いはどこにあるのでしょうか？

成功者の共通点は**「ネガティブな感情を抱いている時間が短い」**ことにあります。

ネガティブな感情との「付き合い方」を熟知し、落ち込んだ気分を回復させるのが早いのです。

さらに幸せな成功者は、ネガティブからの脱出が早いどころか、困難な出来事に感謝をしています。

感情の状態を、仮に数値で表してみましょう。

ネガティブな感情をマイナスの状態だとすると、

普通の人＝マイナスに留まっている時間が長い。
成功者＝ゼロに戻すのが早い。
幸せな成功者＝マイナスをプラスにするのが上手い。

幸せな成功者が失敗をしていないわけではありません。
ビジネスで成功している人は、多額の借金や倒産の経験をしていたり、健康に関する仕事をしている人は、病気で苦しんだ経験をしていたりします。

大きな苦しみを経験したほうが良いということではなく、「起きた出来事」に対する理解や意味付けが違うのです。

私は「自分の意に反する退職」も「離婚」も経験しています。もし、あなたの友人がこのような状況にあったとしたら、あなたはどんな言葉をかけるでしょうか?

私がもらった言葉は大きく2つに分かれました。

1つ目は「あなたならきっとなんとかなるよ」という同情。

2つ目は「おめでとう。次のステージへ進むんだね」という祝福。

言葉からの印象が違うのは、前者はやや否定的に捉えています。さらにつけ加えると「同情」は心の目線が違います。意識をしていなかったとしても、なんとなく上から目線になってしまっているのです。

後者は次のステージやもっと良い状態へ進むために必要なことであり、今がそのベストなタイミングであると「肯定的」に捉えています。

両方とも友人を気遣ってかけている温かい言葉であり、どちらが良い悪いとか、正しい間違っているということではありません。私もかけてもらった言葉の1つひとつに、今でも心から感謝をしています。

もし自分だったら、あなたはどちらの言葉をかけてもらいたいでしょうか？

幸せに生きている人は間違いなく後者、「祝福」の考え方をしています。

自分自身も、目の前にいる人も、起きた出来事を乗り越え、切り開いていく力がある。可能性と未来を心から信頼しているからこそかけられる言葉なのです。

２つの捉え方の違いは、これまで生きてきた経験や環境、過去の痛みや思い込みなどによって起きるものです。

気持ちの捉え方、考え方や仕組みを理解できれば、感情を無理に変換することなく、ネガティブからポジティブへ自然と移行することができるのです。

幸せな成功者は、ネガティブな感情を引き起こす原因となった出来事から、「あの出来事があったからこそ、今の自分がある」と考え、起きていることの意味やメリットを見出しているからこそ、困難なことに感謝ができるのです。

◉感謝のハードルは低くせよ

成功とは何なのでしょうか?

十分なお金があることですか?
十分な時間があることですか?
地位や名誉を得ることでしょうか?

やりたい仕事をすることですか?
自分の仕事で誰かを喜ばせることですか?

仲間と一緒に何かを成し遂げることでしょうか？

何をもって成功とするかは、人によって違います。
誰かにとっての成功でも、自分にとっては成功ではない。逆に、誰かにとって成功でなくても、自分にとっては成功であることもあるのです。

お金はいくら稼いだら成功ですか？
何時間自由な時間があったら成功ですか？
どこまで出世したら成功ですか？

「あなたは今成功していますか？」

年収が５００万円以下だから成功していない。
まだ主任だから成功していない。

未来の目標に目を向けていると、今足りていないものや未熟な部分にフォーカスしがちになります。

もちろん現状分析は大事ですが、今のマインドをどのような状態に持っていくかで、自分の印象も周りへの影響も変わります。

年収は500万円で十分成功している。そして、もっと稼ぐ。

主任で評価されている。そして、もっと上を目指す。

幸せな成功者は「自分にとっての成功」が明確です。誰が何と言おうとも、世間がどう思おうとも、自分が目指す一点に確信を持ち、「自分にとっての幸せ」も明確です。

「今」の状態に幸せと感謝を感じながら、さらなる未来に向けて進む。成功者は、この幸せと感謝を見つけるのが、驚くほど上手いのです。

私は採用のコンサルティングをしているので、日々たくさんの経営者の方とお会いします。

社長が従業員をどれだけ大切にしているかは、態度や言葉の端々に表れます。良い組織作りは人財、つまり最初の出逢いとなる採用の段階から既に差がついています。

ある経営者の方は、応募してくれた方全員と面接をされました。転職回数が多く、通常であれば書類選考で不採用にするような方とも全員と会われました。社長業をやりながら、営業もこなし、採用まで担当されていましたので、社長にとって時間はとても貴重なものであったと思います。応募者も一人や二人ではなく、二桁の方がいらっしゃいました。

「忙しいのに、なぜ全員と会われたのですか？」と聞いたところ、

「うちのような会社に応募してくれただけでもありがたい。全員と話をしなければ、相手に失礼だ」とおっしゃっていました。

「面接だから会社が選ぶ立場」

「会うだけ時間の無駄だから書類で不採用にする」

そう思うのが普通の考え方だと思います。

ところがこの社長は、応募者に面接の結果が出る前から、

「社長についていきます」

と言われ、結果的に会社が求める経験を持つ良い人材を採用することができました。

書類選考で不採用にすることが悪いと言っているのではありません。良い会社の面接官は、不採用通知を出した人でもひとつの出会いとして、相手を大切にします。

ほんの小さなことや当たり前のことに感謝ができるからこそ、従業員は社長に感謝し、会社に感謝をすることができる。だからこそ、会社に貢献しようと思い、生産性の高い仕事ができる。これが永続的な利益を生み出す組織の根本にあるものなのです。


成功したから、感謝をするのではなく、今に感謝をしているから、人望があり、多くの人から応援されて成功する。

私は今、自分が好きなやりたい仕事をして、シングルマザーですが二人の子どもを育て、自分が欲しいものを手にしています。自分の才能を活かし、人に喜ばれ、感謝

のお金を受け取ることができているのは、私にとってはもの凄く幸せなことです。

「私は今とても幸せで感謝しています。そして、もっと幸せになるに値する」

私はいつも、このマインドでいることを心掛けています。

そのためにも、ネガティブな感情を感謝に変えることが重要です。「今の心の状態」が充足と感謝に溢れているからこそ、余裕があり、チャンスや人に恵まれ、さらなる成功を引き寄せるのです。

「未来の目標のハードルは高く」

「現在の感謝を感じるハードルは低く」

「今」感じている状態と、「未来」の目標の違いをハッキリさせましょう。

未来の目標をしっかりと目指しながら、「今できていること」「十分持っていること」「存在している幸せ」に注目してください。

●負の感情の先に未来がある

「人生に失敗した人の多くは、諦めたときに自分がどれほど成功に近づいていたか気付かなかった人たちだ」＝トーマス・エジソン

「途中で諦めてはいけない」とか「続けることが大事」だという事は多くの人が理解しているでしょう。頭で分かっていながら、それでも悩むのは、続けるという以前の問題で、最初の一歩が踏み出せないからです。

やりたいと思いながら、なぜできないのでしょうか？

多くは失敗への恐れなのですが、これは正確には「失敗した時の自分の感情」への恐れです。

「だからやめとけと言ったのに！」

失敗したら、きっと周りはそう思うだろう。

劣等感、惨めさ、自己否定、敗北感……きっといろんな苦しみを味わうことになる。

「お金がなくなったらどうしよう？」

失敗したら、生活ができなくなるかもしれない。周りに迷惑をかけることになる。

申し訳ない、不甲斐なさ、罪悪感、情けなさ……耐えがたい感情が待っている。

もし仮に、失敗しても周りが何も言わなければ、困っているところを進んで助けてくれるなら、きっとチャレンジする人はもっと増えるでしょう。


つまり、恐れを乗り越えられるかどうかは、自分の中にある感情を乗り越えられるかどうか？　にかかっているのです。

成功者に恐れがないわけではありません。仮に失敗をしたとしても、その時の感情への対処が違うのです。

私が離婚を機に二人の子どもを連れて引っ越しを決意した時は、かなりの恐れがありました。仕事は決まっておらず、経済的にも不安。子育てをしながら自分がどこまでできるのか、自信もありませんでした。

一歩踏みだした結果は、仕事は無事に決まり、近くの保育園はたまたま園の改修工事の関係で定員に達しておらず、実家に近いアパートに空きがあり、住む場所もすぐに決まりました。

私が初めてブログを書いた時は、どう思われるか心配で、批判されないかどうか不安でした。

実際に初めて書いた記事についた「いいね」は3件くらい。つまり心配するほど、多くの人は見ていなかったのです（笑）。

「それは失敗じゃなくて、その方法ではうまくいかないことが分かったんだから成功

なんだよ」＝トーマス・エジソン

初めの一歩を踏み出せた人は、たとえ失敗したとしても、それが本当の意味で失敗ではないことを知っていて、一歩さえ踏み出すことができれば、次につながることを知っている。

そして面白いことに、最初にあれだけ心配していた「恐れの感情」は、実際にはほとんど起きないのです。

「恐れを感じる事こそ、自分が本当に進むべき道」

あなたがやってみたいとイメージする未来は確実に存在し、あなたが不安を感じて恐れている未来はほとんど存在しないのです。

成功者は行動することができれば、なんとかなることを知っていて、未来の自分を、起こる未来を信じることができるからこそ、チャレンジすることができるのです。

◉人は感情にフォーカスしていないという事実

あなたは普段どれだけ、感情の言葉を使って会話をしているでしょうか？

よくありがちな会話を例にとってみましょう。

A「電車で座ろうと思って並んでたら、横入りしてくるヤツがいて……」

B「何それ？」

A「横入りして走っていって、ちゃっかり座ってんの。おかげで並んでたのに座れなかったよ！」

B「うわ〜」

短い会話ですが、この会話の中に感情を表す言葉はどのくらい入っているでしょうか？

答えはゼロです。

Ａさんには、横入りされた「怒り」、自分が座りたかったのに座れなかった「悔しさ」、常識がない人に対する「呆れ」などなど、複数の感情があります。

Ｂさんは「何それ」と「うわ～」しか発していませんが、会話が十分成り立っています。

実際にはＡさんは複数の感情があるにもかかわらず、感情を表す言葉は一切使っていません。話しているのは感情ではなく「事柄」です。

「空気を読む」という日本語があるように、私達は感情ではなく、事柄を話すことで気持ちを察して会話をしています。

人は思った以上に、感情に対して意識を向けてはいないのです。

気持ちを伝えていると思っていても、実は伝えているのは「事柄」であって、その事柄に対する気持ちを、聞き手がイメージして会話をする。

事柄に対して気持ちのイメージが一致している時は良いのですが、違っている場合、お互いに「分かりあえている」「通じている」という感覚を持ちながら、実は一致していないという場合に、コミュニケーションのズレが生じます。

特にパートナーとのちょっとしたすれ違いは、ここから生じます。

奥さん「今日何時に帰ってくる？」
旦那さん「22時くらいかな」

この会話でも、二人とも感情を表す言葉は使っていません。
もしかしたら奥さんはいつも帰りが遅い「怒り」を持っているかもしれませんし、帰りが遅ければ夕ご飯を作らなくてよい「喜び」があるかもしれませんし、早く帰ってきてほしい「寂しさ」があるのかもしれません。

分かりやすいように多少極端な例をあげましたので、実際にはもう少し言葉が加わった会話になるかと思います。

いずれにしても、この会話から旦那さんは気持ちを察した上での返事が求められます。

返事が正解であれば良いのですが、外した場合は奥さんから「何で分かってくれないの！」という厳しい言葉が返ってくるでしょう。

成功者ほど、感情を表す言葉をよく使っています。

「喜んでくれると、自分も嬉しい」
「それを言われると、私は悲しい」
「いつもありがとう。感謝している」
「その言葉に感動した！」

大事なのは事柄ではなく、気持ちを伝えること。

「言わなくても分かるはず」「事柄を伝えることで察して」ではなく、自分が何を感じているのか？　言葉にして伝えることが、お互いを理解することにつながるのです。

◉不器用で弱い人ほど応援される

成功している人は、多くの人から愛され、応援されています。

だからこそ、「応援される人になりたい」と思う人は多いと思います。

それでは応援される人とは、どんな人なのでしょうか？

もちろんいろいろな要素があると思いますが、そのうちの1つに、応援される人は「人間らしい」ということがあると思います。

あまりに完璧すぎると、手伝わなくても大丈夫、逆に自分の出る幕はないと思ってしまいます。

私が課長職の仕事につき、部下がいた時は、「全てにおいて上司は部下より仕事ができなくてはならない」と思っていました。

部下より仕事ができるからこそ、役職が与えられる。
部下より優秀だからこそ、指示ができる。
そう思っていました。

役職者であっても、人間である以上完璧ではありません。得意、不得意もあります。

自分が不得意な部分を逆に得意とする「自分より優秀な部下」はたくさんいました。
部下より自分のほうが上でなければならないと思っていると、部下の欠点を探しては指摘するようになります。今思えば無意識のうちに、自分が上であることを示さなければならないと思っていたのでしょう。

さらに、当時の私は部下からの提案に、素直に耳を傾けることができませんでした。自分が気付かなかった点を指摘されると、至らなかった点をつきつけられているような気がしたのです。良い提案でも、何かしら改善点という名の、上司の立場でえらそうに指摘する箇所を探していました。

この考え方が変わったのは、ビジネスオーナーや自由な時間とお金を持っている方の話を聞いた時です。

自分が働かなくても、誰かに動いてもらって収入を得る。

本当に仕事ができる人は、自分より優秀な人を動かせる人です。

自分の「得意」と「不得意」を把握していて、不得意な部分は人に任せ、自分の得意な能力を発揮することに集中する。

人を信頼して任せる。

自分自身の苦手な部分や弱さを認めているからこそ、「得意な人に任せる」「助けてもらう」ことができる。

逆に言えば、苦手な部分や弱さが見えるからこそ、周りの人が応援したいと思うのです。

「人間らしい」にはもう1つ「感情が豊か」であることがあげられます。

「人の痛みに心から共感する」

「人の喜びを自分のことのように喜べる」

成功者ほど、人前でも涙を流すことができます。特に嬉しい時や感謝、感動した時によく涙します。

私はこの涙を美しくて、かっこいいと思っています。

「人が行動する時は、心が動く時＝感動した時」
「自分が感動できなければ、人を感動させることはできない」

感情を表現しなければ、ロボットのようです。ロボットについていきたいとは思わないでしょう。感情が必要なければ、ＡＩに代わりができてしまうかもしれません。

感動できる人ほど、人を動かすことができる。
成功者ほど、感情が豊かなのです。

◉負の感情が人の器を大きくする

周りから好かれるリーダーの共通点の1つは「人としての器が大きい」ことだと思います。

器が大きいから、人に好かれるのか？
人に好かれるから、器が大きくなるのか？

どちらが先かと問われれば、私は前者だと思っています。
それでは器を大きくするには、何をしたらよいのでしょうか？

器が大きい人は、必ず自分と向き合っています。

困難な状況に対し、人のせい、環境のせいにすることがなく、自分を振り返り、学

び と気付きを得ています。

物事が上手くいかない時や人間関係がこじれた時は、自分以外の何か、あるいは誰かのせいにしたくなります。

自分の非は簡単に認めたくないし、責任をかぶりたくないのが普通でしょう。

自分と向き合うということは、自分自身のネガティブな感情に向き合うことです。「怒り」「嫉妬」「承認欲求」などなど……。

心の中に沸々と湧き上がってくる、黒いものから逃げることなく、しっかりと見つめ、自分自身で癒しています。

ネガティブな感情を抱く原因となった出来事の意味を読み解き、次につなげているのです。

例えば、誰かの成功に対して嫉妬する自分がいたとしましょう。

嫉妬心をそのままにしていては、相手に勝つまで競争し、時には相手を陥れることを考えてしまうかもしれません。

嫉妬心はなぜ起きるのか？

嫉妬は自分がまだ叶えていない希望を、他人が叶えているのを目にするから起きるのです。

嫉妬心があるということは、「しっかりとした理想を持っている」ということです。自分の理想がより明確になったと考えることができれば、誰かの成功を祝福することができるでしょう。

祝福することができれば、どうやって成功したのかを聞くことができ、成功への近道ができるかもしれません。嫉妬心を持ったままでは、プライドが邪魔して、成功方法を尋ねることはないでしょう。

ネガティブな感情を癒すことができれば、自分の許せない部分を許すことができるようになり、物事に対する自分の気持ちの在り方を変えることができます。

自分自身の「怒り」や「情けなさ」、「悔しさ」などのネガティブな感情と向き合うことが、自分の中にある許せる部分やポジティブな部分を増やすことにつながり、他人をも許し、祝福できるようになるのです。

嫉妬心は理想を持っている証

第2章 やらなくてもいいことは感情が教えてくれる

◉続かないモチベーションは感情からのサイン

コンサルティングで比較的多いのが、次のような相談です。

「高いモチベーションを、ずっと持ち続けられるようになりたい」

「アクションリストが実行できず、3日坊主になってしまう……」

どんなアクションプランを考えたのですか？　と質問すると、

「毎日本を読んでインプットの量を増やす」といった答えが返ってきます。

これらのアクションプランが、どこから出てきたかを分析すると、「こうするべき」「多くの人がしているから」「こうすると良いと人から聞いたから」という場合が多いのです。

アクションプランは目的を達成するための「手段」であるはずです。

「目的は何でした？」と聞くと、多くの場合、目的と手段がズレている。

目的が作家になることであるとか、何か研究が必要なものであれば、毎日本を読むことは有効な手段かもしれません。

目的が違うのであれば、必ずしも毎日でなくても、必要なものだけ読めばよいのではないでしょうか？

「ダイエットのために、○○を食べるのを我慢する」

そもそもなぜダイエットをするのか？　の目的が健康のためだとしたら、我慢してストレスが溜まったり、栄養が偏って健康を害しているようでは本末転倒です。
モチベーションが続かない人は、そもそもの目標設定とアクションプランがズレていて、目的を達成するための手段ではなく、手段を達成するためのプランになっていることが多いのです。

情熱とつながった目的を持っていれば、続かないということはありません。「やらなければ」ではなく、自然と「やりたくなる」ので続くのです。

逆に言えば、続かないものは、あなたの本質からズレているというサインなのです。

「続かないことはやらなくていい」
このようにお伝えすると、都合が良く聞こえます。
「やりたいことだけやっていればいいのか？　世の中そんなに甘くはない！」と思う人もいるでしょう。

これに対しては、2点お伝えしたいことがあります。

1つは、本当にやりたいことであれば、付随する一部のやりたくないこともちゃんと続けてできるはずです。

なぜならこの場合、やりたくないことを行動に移すことより、やりたいことを続けた後に得られる喜びと達成感と幸せのほうが、遥かに大きいからなのです。

2つめは、自分の情熱とつながっていないやりたくないことは、その部分が得意な人に任せればいいのです。

大抵の場合、情熱は才能に関連していて得意なことが多く、やりたくないことは不得意なことである場合が多いのです。

自分が不得意な部分は、自分以外の誰かの才能です。

逆に言えば、自分の情熱とつながった目的を知り、自分の才能や得意なことを知ることができれば、行動することが楽しく、幸せで自然と続くはずなのです。

「続く」「続かない」は本質を知る鍵になります。

続くことの周辺に、自分自身の才能と可能性を見出しましょう。
続かないことの周辺に、他の誰かの才能と可能性を見出しましょう。

自分の本質に沿って、正しい目標やアクションプランを設定することができれば、本質とズレた目標設定に比べて、2倍、3倍、いやそれ以上の成果が得られるはずです。

◉目標設定タイプと直感タイプ

目標設定をして、アクションリストを設定しても続かない理由は、前述の「自分の本質に沿っているか」ということの他に、もう1つあります。

あなたは自分の行動のタイプを知っていますか？

目標を細かく設定して、進捗状況をチェックし、この達成率が次のモチベーションにつながる。これは目標設定タイプです。

目標設定タイプと真逆なのが、「直感タイプ」。

その時の直感で、ピンと来たものを行動に移す。このタイプの人は、目標設定をすると、息苦しくなり、逆にやる気や行動のエネルギーが湧いてこない感覚になります。

目標設定タイプの人が、直感で動こうと思ったら、何をしてよいか分からず、やるべき事が明確になっていないことに対して気持ちが悪く、逆にイライラしてしまうでしょう。

このような○○タイプの話をすると、血液型のように、しっかりと区分けをするような印象を受けるかもしれません。

大事なのはどちらか一方に決めることではなく、「自分に一番合った方法をとる」ということです。

自分に合っていれば、ミックスでもいいのです。ミックスの場合でも、「目標設定の割合が多め」とか「直感の割合が多め」のように、その割合も自分で決めることができます。

「アクションプランを設定しても行動できない」パターンをタイプ別に見ていきま

しょう。

◎目標設定タイプ

1．目標が設定できない

目標設定タイプは、文字通り目標を設定して、コツコツとクリアをしていくことで、目指すゴールに辿り着くのですが、「初めてのチャレンジ」等自分がイメージできないことについては、何をやってよいか分からないので、当然目標設定もできずに、困ってしまうのです。

2．目標設定をしすぎて苦しい

目標を設定し、コツコツと取り組むのですが、細かく設定しすぎたり、ちょっと高めの設定をすると、達成できず、達成できない自分が許せず苦しくなってしまいます。

このタイプは、他人に助けを求めるのが苦手なことが多いのです。

初めてのチャレンジでイメージできなければ、分かる人やすでにやり遂げたことがある人に聞いてみましょう。

目標をクリアするために、誰かに手伝ってもらう。
完璧を求め、全て自分でやり遂げようとせず、周りを信頼して任せるということも必要なのです。

◎直感タイプ

1. 準備不足になりがち

直感タイプは文字通り直感に従って動くので、前もって計画を立てたり、準備をしたりするのが苦手です。

「臨機応変に対応するので大丈夫」となりがちで、結果的にはなんとかなっても、ハラハラしたということになったり、チームで動く場合は、目標設定型の人をイライラさせてしまうので、場の雰囲気が悪くなってしまうこともあります。

2. 結果を出すのに時間がかかる

いつまでに？　何を？　を細かく設定しないので、直感が働かないまま、何日も過ぎてしまい、振り返ってみたら、全然進んでいなかったということに陥りがちです。

このタイプは自分のやるべきことや責任、自分ができることをしっかりと把握することが大切です。

また、周りの意見を排除しがちです。

なぜなら、周囲の人は自分が気付いていない点を指摘するため、自分が批判をされているような感覚になります。そのため、素直に受け止めることが難しいのです。

アドバイスは、自分を否定しているのではなく、必要なことを教えてくれていると捉え、真摯に耳を傾けることが大事です。

どちらのタイプにしても、自分のタイプを知り、バランスを取ることが重要です。

大まかな目標を設定し、あとは直感で動く。
到達点は設定するけれど、時期は設定しない。
直感で動くけれど、必要なものは明確にする。
このように、自分に合わせて上手くミックスさせてください。

上手くいかない時は、バランスが崩れている場合が多いのです。そこから抜け出す

には、今の自分と反対の要素を見てみましょう。目標達成にブレーキをかけている原因がそこに見つかります。

今まで自分がやったことがないことには、抵抗を感じるかもしれません。抵抗に敢えてチャレンジすることが、ブレイクスルーのきっかけになるのです。

◉夢はなぜ100個書き出すと良いのか？

「夢の100リスト」と言われ、夢を100個書き出しましょうというワークをよく聞きます。私も実際に取り組んだことがありますが、その時はこう思っていました。

「なぜ100個なの？　50個ではダメなの？　10個じゃ足りないの？」

私自身、ワークショップをたくさん開催してきて、多くの人の夢に関わってきました。よほど普段から自分の理想と向き合っている方は別として、多くの場合最初に書き出す夢は「表面的なもの」や「他人の夢」であることが多いのです。

いい車が欲しい。家を建てる。ブランドのバックやアクセサリーが欲しい。

最初はこのような物質的なものが出てきたりしますが、多くの場合は「他人からよく思われたい」「評価されたい」「不平不満からの脱却」で、自分の本質の夢とは異なっていたりします。

夢を100個書き出すと、書いているうちに書けない状態、つまり「ネタ切れ」の時がきます。

ネタ切れの状態から、「100個にはまだ足りない。さて、あと何を書こうか?」と考えることが、少しずつ本当の夢に近づくことになります。

キャベツは、1枚1枚葉をちぎっていくと、「芯」に辿り着きます。一番外側にある、虫に食われて穴の空いた葉っぱの部分の夢を叶えても無意味です。芯の部分にある、自分の軸の夢を叶えましょう。

先に出てきた表面的なものではなく、一生懸命考えて捻り出したもののほうが、実は自分の本質の深いところから出てきた「夢」であることが多いのです。

100個ではなく、「めんどうだから10個でいいや」と10個しか書かなかったら、本質に辿り着けません。

人はこれまで生きてきた環境や経験や世間体に大きな影響を受けます。自分のやりたいことや夢さえも形を変えてしまい、変化した形の夢が自分の望みだと勘違いして思い込む。そのうち本質が何なのか？　という大事なことが分からなくなってしまうのです。

「最初に出てきたもの（車や家やバックやアクセサリーなど）を全て手にしたら、次にあなたは何が欲しいですか？　何をやりたいですか？」

この問いに出てきた答えが、本質に近いものだったりします。

お金や時間は限られています。だとしたら、表面的な夢や他人の望みを叶えてから、自分の本当の夢を叶えるのは遠回りです。

偽りの望みはショートカットして、初めから自分の本質、本当の夢を叶えることに時間とエネルギーと労力を使いましょう。

◉人生の目的地と過去の感情

夢の100リストでワークの話をしました。

多くの場合、ワークの目的は伝えられないので、参加者は目的が分からず取り組むことが多々あります。

目的と結果が一致している時は良いのですが、一致していない時が困ります。

ワークに取り組み、結果をグループでシェアしたりするので、他人の意見を聞くことで気付きがあり、それなりの達成感があります。

目的と結果が一致していない場合は、根本的な解決になっていないので、前に進めていなかったり、数日後に同じところで躓いたりしてしまうのです。

例えば、お金のワーク。

「あなたにとって、お金のイメージはどんなものですか？」

これはもちろん、自分が持っているイメージに気付くことが大事なので、考えながら書き出すことで、自分の傾向や考え方を知ることができます。

また、グループシェアで他人の意見を聞くことで、「そんな考え方もあるんだ」とか「自分も同じだけど、気付いていなかった」という学びがあります。この学びで十分だと感じてしまうのです。

もちろん、この学びが無駄と言っているわけではありません。十分大きな成果です。

もっと先があるのです。

このワークに取り組んでいる時点で、その人はお金持ちではないでしょう。すでにお金持ちであるのなら、このワークに取り組む必要がないからです。そして、お金持ちになりたいと思っているはずです。

少し話が変わりますが、道に迷った時をイメージしてみてください。

あなたはスマートフォンを取り出し、地図を確認するでしょう。目の前にある目印になりそうな大きな建物、場所が分かりそうな信号や交差点の名称を確認すると思います。

道に迷った時、これではまだ、迷った地点にいるだけです。

あなたはきっと、目的地を入力し、方角を確認し、ガイドに沿って進むことでしょう。

お金のワークでは、自分の考えを書き出し、周りの意見を聞き、自分が今持っているお金のイメージに気付いて終わりでは、自分の現在地が分かっただけにすぎません。

今、お金持ちでない以上、目的地＝どうなりたいか？　を設定し、設定した理想に沿って、これまでのイメージを書き換え、必要なマインドをインストールする必要が

あるのです。

お金に限らず人は様々な思い込みをしています。

分かりやすくするために、道に迷った例をあげましたが、問題はもっと複雑です。

なぜなら、人生の場合、「なぜ道に迷ったのか？」「今まで、どんな道を辿ってきたのか？」を知る必要があるからです。

過去に向きあう必要があり、過去を振り返ると必ずと言っていいほど、ネガティブな感情が出てきます。

このネガティブな感情に、しっかりと向き合う必要があるのです。

イメージや思い込みを書き変えるには順番があります（詳しくは7、8章でお伝えします）。

自分の傾向を知り、自分のやりたいことを明確にし、希望に沿ってイメージやマインドを書き換えることが、理想を現実にすることにつながります。

◉苦労は自分で選んでいる？

１つの悩みがクリアになってしばらくすると、別の悩みがやってくる。

楽して簡単に望みが叶うといいなぁと思いながら、現実はそうもいかない。

こんな時、コンサルティングでは１つ質問をします。

「例えば、アラジンの魔法のランプのように、あなたの望みが、今、全て叶い、目の前に『はい、どうぞ』と差し出されたらどうですか？」

「チョコレートや飴を受け取るように、ありがとうと簡単に受け取れますか？」

この質問をすると、多くの人が受け取れません。

「何の努力も苦労もなく、そんなに簡単に叶うのはつまらない」という人がいれば、

「チョコレートや飴みたいに簡単には受け取れません」という人もいます。

自分で望んだものなのに、なぜ受け取れないのでしょう？

前者の人は、「望みや理想や良いものは、苦労や努力を乗り越えてやっと手に入れるもの」と思っています。

後者の人は「今の自分のままでは、理想や幸せを手にするに相応しくない」と思っています。

つまり、どちらにしても、

楽して簡単に叶うことを望みながら、心の深いところでは、今すぐ簡単には叶わないことを望んでいて、自分でそれを決めているのです。

理想の世界を、チョコレートや飴をもらうような感覚で受け取れるという人は、実際に夢が叶っている人です。

なぜ受け取れないのか？　を考えてみてください。
そこには、いろいろな感情が隠れていることに気付くでしょう。

「成功すると周りから疎まれる。疎まれないように、ある程度の苦労があり、これだけの苦労の上に成り立つのであれば、周りも納得するだろう」

「もっと自分のレベルを上げなければ、今のままでは受け取るに値しない」

周囲との人間関係、セルフイメージ等、多くの感情が伴っているからこそ、あえて今受け取らないという決断をしているのです。

最初からいきなりハッピーで、ずっと何もなく最後までハッピーだったら面白くない。

途中の苦労や紆余曲折を乗り越えて、主人公が成長し、やっと摑めたハッピーエンド！

人生のストーリーを自分で決めているのです。

かく言う私も、多少努力するようにストーリーを決めています。

簡単に手に入るとつまらないので、無意識のうちに、苦労を乗り越えて幸せを手にするように設定してしまっているのです。

困難が続くと何かがおかしいと疑問を持ち、自分の設定に気付くので、もうそろそろ努力は終わりにしてもいいというマインドに意識して切り替えるようにしています。

苦労の度合いも自分で決めることができるのです。

マインドが変わると不思議と現実も変わってきます。

あなたの人生のストーリーは、理想も努力も困難もその度合いも、全てあなたが決めることができ、現実はその通りに進んでいくのです。

◉自分を変えるのではなく、自分に「戻る」

「目標を叶えるために、変わりたい！　そのために毎日○○をやる！」

と思う人は多いのではないでしょうか？

自分の本質の望みが明確になっていれば、本当に変えるものはたった1つ「習慣」だけです。

変わりたい！　と思う人は多いのですが、自分を変えて、他人になる必要はありません。多くの人が、憧れる他人になろうとするから叶わないのです。

理想を叶えるためには、変わるというよりは、「本来の自分に戻る」という表現のほうがぴったりです。

いつもポジティブかつハイテンションな人気者になりたいと思ったとしても、それが自分の本質ではないとしたら、違う自分になることは苦しくて、不可能なのです。

周囲の目や、世間体や、一般常識に沿って変わりたいと思うのであれば、それは世間が望む人物になろうとしているだけです。

親や家族が望む人になろうとするのであれば、それは他人が望む人になろうとしているだけです。

他人の望みを叶えようとして、染みついた習慣があるのであれば、本来の自分に戻るために、その習慣を変えましょう。

世間や他人が望む人になるために、幾重にも重ねてきた鎧を脱ぎ捨てましょう。

私のプロフィール写真は、プロのカメラマンに撮影してもらいました。

プロに頼んでプロフィール写真を撮ったのは1回ではなく、何度か経験があります。

撮影は、いつもより濃いメイクをして、着飾って撮るものと思っていました。

しかし、今使っているプロフィール写真は、普段通りのメイクでつけまつ毛すらつけていません。普段のメイクと違うことと言えば、ただ1つ、グロスを付け加えただけでした。

「濃いメイクにしないと、撮影の時に色が飛んでしまうのではありませんか？」と質問したら、

「色が飛ぶのは素人だから」という答えが返ってきました。

「もっとオシャレをしなくていいのですか？」と聞いたら、

「それよりも自分の気分が良いかどうか？　が大事」と言われました。

実際にこのプロフィール写真の服は、普段着のままで、インナーはファストファッションのお店で買ったものです。

この時、思いました。

本当のプロとはこういうものなのだと。
料理人もプロは素材の味を活かします。

「自分の人生のプロであれ」

他の誰かになるのではなく、着飾ることなく、本来の自分で、自分自身が持っている才能や輝きを活かす。

このほうが気楽で幸せに、遥かに上手くいくのです。

ありのままの自分だから輝く！

第3章 多くの人が陥るマインドの落とし穴

●決断できない人が9割

「こうなりたい」そう願いながら、現実には何かが劇的に変わるわけではなく、気付けばいつもと変わらない毎日を過ごしている。そんな人も多いのではないでしょうか。

「こうなりたい」と「こうなる」は違います。

「こうなりたい」と思っているうちは、まだ現実味がなく、遠い世界の希望でしか

ありません。つまり実際にはまだ、決断できていないのです。

自分自身の心の深いレベルで「決める」ことが重要です。

望みが叶ったら、付き合う人が変わり、周囲との人間関係が変わるかもしれません。

自分自身を高める必要があり、そのための課題を乗り越える覚悟と行動も必要です。

反対する人が出てくるかもしれません。

大切な人と一緒に過ごす時間が減るかもしれません。

周囲の人にわがままだと言われるかもしれません。

頑張っても上手くいかないことがあるかもしれません。

本当の意味で決めるということは、これから訪れるであろう困難を乗り越えることだけでなく、他人からどう思われようと、自分が本当に幸せになることを「決断」することなのです。

心の深いレベルで決断ができているかどうかは、自分がどんな感情を抱いているかで判断ができます。

ポジティブな感情だけなら、まだまだ決断は偽物です。

良い感情だけということは、ネガティブな出来事やリスクがまだイメージできていない証拠だからです。

喜びや幸せと一緒に、変な恐れや、冷や汗がでるような感覚。上手くいくと感じながら、言葉にできない複雑で嫌な感情を同時に抱いているのが、本当の意味での決断です。

多くの人が、「決めたつもり」になっていて、実際には望んでいるだけで、本当に決めていないのです。

もしあなたが本当に決断できたのなら、あなたは数少ない1割の「成功グループ」の一員です。ほとんどの人が決めることができないのです。

ポジティブな感情とネガティブな感情を同時に抱くくらい、「決める」ことができたら、不安と一緒に進みましょう。

一歩踏み出す時は、不安があって当たり前です。
逆に言えば、不安はなくなることはありません。
決断した時の変な恐れと嫌な感じと不安は、正しい道を進んでいる証拠です。

持っていてもいいネガティブな感情もあるのです。

不安や恐れを毛嫌いするのではなく、むしろ理想を実現するために、もれなく一緒についてくる「お友達」と思って、自信を持って進んでください。

◉大切なのは自分のステージを知ること

本を読んだり、セミナーに参加したりすると、時に真逆のことが出てきたりします。どっちが正しいの？　と疑問に思い、大抵の場合はその答えが分からないので、混乱する人が多いでしょう。

真逆の理論は、正確には「どちらも正しい」のです。

仮に、夢の実現（達成度）をマイナス１００〜プラス１００の数値でイメージしてみましょう。

マイナス１００は、まだ自分の夢に気付いてもいない状態。そして、ゼロに辿り着くまでのマイナス部分は、まだ行動に移していない段階です。

ゼロからプラスの部分は、実際に行動に移し、実現に向けて少しずつ進み、プラス１００は夢が叶った時点だとします。

同じ本を読み、同じセミナーに参加しても、マイナス90の時点で参加している人もいれば、ゼロで参加している人、プラス30の段階で参加している人もいるのです。

自分がどの地点にいるかで、何が正しいかは異なります。

例えば、自分のライフワークでお金を稼ぐことをプラス１００だとしましょう。

ライフワークに気付き、自分がマイナスやゼロの地点からプラスに一歩踏み出そうとする時は、反対する人が出てきます。

よくドリームキラー（夢を潰す人）と言われますが、この時は反対する人の意見を押し切って前に進むことが必要だったりします。

自分が今いる地点から、全く違うステージに向かうわけですから、現状の周りの人と意見が合わないのは、ある意味ごく自然なことなのです。

一方で、プラス50くらいの人が、プラス100になるには、周囲の応援が必要です。もし応援を得られないのなら、反対意見やアドバイスを丁寧に聞く必要があります。なぜなら、この時の意見はあなたが見落としている部分や気付いていない部分を教えてくれている可能性が高いからです。

多くの場合、指摘された部分は自分が一番認めたくない部分だったりするので、受け入れ難いことが多いのですが、この部分にこそ、現状を打破するヒントが隠されていたりするのです。

自分の現在地によって、「正しい」は変わるのですが、多くの人が逆の行動を取っています。

周りからどう思われようと、自分の道を進む必要がある時に、周囲の意見を聞いて諦める。

客観的な意見を聞く必要がある時に、素直に聞くことができず、貴重な助言を無視して突き進み、周囲の応援を得られずに上手くいかない。

現代には様々な情報が溢れています。

大切なのは、自分のステージを知ること。

インターネットや本やセミナーで仕入れた上手くいくためのノウハウを活用するには、どのステージに向けた発信であるか、自分と合っているかを自分で見極めて判断することが必要なのです。

◉過去に作られた「できない！」という思い込み

理想や目標を掲げた時によく出てくる「そんなの無理」という感情はどこからやってくるのでしょうか？

まだチャレンジもしていないのに、無理だと思うのはなぜですか？

あなたは「無理だと思うことそのもの」に疑問を持って考えたことはありますか？

「そんなの無理」は過去の経験や環境から作られます。

子どもの頃は間違いなく、「なんでもできる」と思っています。

この意味で、私は自分の子どもをメンターだと思っています。

「ママ、あげる！」

そう言って、貯金箱のお金やもらったばかりのお年玉をニコニコしながらあげようとする姿から、私は多くのことを学ぶのです。

ニコニコしながらお金をあげることができるのは、分かち合う喜びを知っていて、お金はなくなるものという恐れがなく、すぐにまた入ってくるものと思っているのです。

この考え方は、幸せなお金持ちの人と同じです。

子どもの「どうしてできないの？」という質問は、

「そう考えるのか！」

「これができると思っているのか！」

という自分自身が持っている思い込みや制限を気付かせてくれると同時に、大人が無意識に作ってしまった「枠」を知るきっかけになります。

「きっとできる」と声をかけられた子どもは自己肯定感が高く、チャレンジ精神を持っているとよく言われます。

日々周りからかけられる言葉が、自分自身のマインドに大きく影響しているのです。

いつの間にか作られてしまった枠は、いつでも壊すことができるのに、壊れないものと思い込み、枠の中から出ることを諦めてしまう。

できないと思っていることを、達成することは不可能です。

とは言え、最初は誰でも「そんなの無理」だと考えます。

「そんなの無理」を「できるかもしれない」に変える。

「できるかもしれない」を「できて当然」に変える。

「できて当然」と思えた時に、想いは実現します。

枠の壊し方＝思い込みを書き換える方法は第7、8章でお伝えします。

「できて当然は幻想だ」と思う人が多いにもかかわらず、
「そんなの無理こそ幻想だ」と思う人は少ない。

どちらも幻想なら、できるほうの幻想を信じてみてもよいのではないでしょうか？

◉「頑張らないほうが上手くいく」の真実

私は「努力」や「頑張る」という言葉をあまり使わないようにしています（大切な人を応援したり、励ましたりする時には使いますが……）。

努力や頑張るということは、「ちょっと無理をする」「気が向かないことに対してエネルギーを注いで前に進む」「我慢して続ける」というような言葉のイメージがあるからです。

「努力しない」「頑張らない」と言うと、よく、行動しなくてもよいと勘違いされるのですが、そうではありません。

重要なのは言葉のイメージと、どんな行動にエネルギーを注ぐか？　なのです。

子どもの保育園の送り迎えの時にかける言葉をイメージしてみてください。

朝「がんばってね」
帰りに「今日もがんばったね」

これらの親御さんの声掛けは、実際によく耳にしました。恐らく、仕事をしている時間に子どもと一緒にいることができない罪悪感と、寂しい思いをさせているのではないかという子どもへの愛情から出てくる言葉でしょう。

私は、朝「今日も楽しんできてね」
帰りに「今日は何が楽しかった？」

と声をかけるようにしていました。子どもは先入観を持っていないため、大人の言葉がそのままダイレクトに影響を与えます。私は子どもに「保育園はがんばるところではなく、楽しいところ」と思ってほしかったのです。

楽しんで行動するのと、ちょっと無理をしながら行動するのは全然違います。

例えばディズニーランドが好きならば、行く時に「頑張って行こう」「努力して行こう」とは思わないはずです。現地に行くまでの電車や混雑状況を調べたりすることは、頑張ることではなく、ワクワクしながらの行動でしょう。

自分の好きな事や情熱に沿った行動をしていれば、自然と行動に移し、あっという間に時間は過ぎるはずです。

私は、未来をイメージすることや文章を書くことが好きなので、考え事をしていると降りる駅に気付かずに電車を乗り過ごしたり、文章を書いていて、気が付いたら夜中の2時だったということもあります。

目標を達成するために、「睡眠時間を削って頑張る」のと、「行動をしていて気が付いたら寝るのを忘れていた」というのでは、同じ深夜2時でも全く違うものなのです。

自分が多くのエネルギーを注げるものを、あなたは見つけているでしょうか？

自分が本当に望むことに従っていれば、自然と行動を続けることができ、多少の困難ではへこたれないので、結果的には上手くいきます。

頑張らないほうが上手くいくのは行動しないということではなく、「頑張るという感覚がないことをするほうが上手くいく」ということなのです。

大事なのは、あなたにとって「寝るのを忘れるくらいの何か」を見つけることです。

見つかってしまえば、頑張らなくても、努力をしなくても、楽しく行動することができるでしょう。

●感情との付き合い方が人生を変える

私が多くの人にコンサルティングをしてきて感じたのは、「ネガティブな感情をどうしたらよいのかが分からない」という人が多いということです。

ポジティブが良いとされながら、現実には、人間誰しもネガティブな感情になる。

底なし沼にはまるように、抜け出そうともがけばもがくほど、意に反して深く沈んでいく。
ネガティブは悪いとされ、しっかりと向き合うことをしないので、感情が教えてくれるメッセージに気が付かない。

感情と上手く付き合うことができれば、今起きている出来事の意味を読み解くことができるのです。

読み解くことができれば、ネガティブだと思っていた出来事も、実は自分の理想を実現させるために必要な出来事であったことに気付くでしょう。

あなたが今までの人生で辛かったことを思い出してみてください。
残っているのは辛かったという感情かもしれませんが、1つ逆の質問を自分に問いかけてみてください。

「この辛い出来事から得られたメリットは何ですか？」

きっと、何かしらのメリットがあったはずです。
「この出来事があったからこそ、今の自分がある」と思える「大切な何か」があるはずなのです。

逆に言えば、ネガティブな出来事だと思っていたことも、その経験がなかったら、今のポジティブな状態にはたどり着いていないのです。

ネガティブな出来事にも何か意味があり、未来の理想や幸せの実現につながっているとしたら、出来事に対する考え方が変わります。

感情は、今起きている出来事の意味を読み解くヒントです。

この読み解き方を知らないので、高額なセミナーに参加し、抱えている問題や悩みを解決する人もいるでしょう。しかし、人生は課題と困難の連続で、次々と別の問題が発生するのです。

その度に高額なお金が必要だとすると、はたしていくらかければ、人は幸せになれるのでしょうか？

私がずっと思ってきたことは、誰かに大金を払ってではなく、自分で解決できればいいなということです。自分の人生に対する答えは、自分が持っているはずなのに、多くの人がその解き方の方程式が存在することを知らない。

だからこそ、感情との付き合い方を分かりやすく伝えたいと思うようになったのです。

Ｐａｒｔ２からは、具体的な方法をお伝えしていきます。

感情と上手く付き合い、感情からのメッセージを読み解くことで、ネガティブな出来事に自然と感謝ができるようになるでしょう。

ネガティブな感情を感謝に変えた時、人生は動く。

感情で人生を変える、自分で未来を創り出す新たな世界へ、これから一緒に進んでいきましょう！

辛い出来事も理想へと繋がっていく

Part2 願望達成の感情マネジメント

第4章 望みを叶える5つのステップ

◉5つのステップのポイント

これからお伝えする望みを叶えるステップは「5つ」です。


「たった5つで望みが叶うはずがない!」

「そんなに簡単なら誰も苦労しない!」

あなたはそう思ったのではないでしょうか?

私はこのステップを実行することでパートナー、仕事（転職）、ビジネスチャンス、人脈、情報、お金……全てを手にしてきました。

この方法を実践していただいたお客様も、「パートナーができた」「やりたい仕事に就くことができた」「ライフワークが見つかった」「ずっとやりたいと思っていたことでお誘いの声がかかった」などなど、喜びの声をたくさんいただいています。

５つのステップには順番があり、大事なのはこの順番です。

ステップを飛ばしたり、途中からスタートしては上手くいきません。

この通りに行動していても上手くいかないということも出てくるかもしれませんが、安心してください。

それぞれのステップでつまずく傾向も分かっていますので、５章以降で詳しくお伝えしていきます。

読みながら行動し、行動しながら読み進めていただけると、より効果が出やすいでしょう。

◉ステップ1　理想を自由に設定する

「こんな未来だったら最高！」

「もし、こうだったらとても幸せ」


自分の理想をできるだけ明確にイメージして、書き出してください。

最幸のイメージの中では、あなたは何をしていますか？　誰と一緒にいますか？　どんなことを楽しんでいますか？　どんな場所や環境にいますか？　どんな仕事をしていますか？　誰を喜ばせていますか？


可能な限り、「具体的」にイメージしてください。

具体的であればあるほど、理想が現実になる可能性が高まります。

大切なのは「自由に」ということです。

もしお金が十分にあり、何でも叶い、誰もが応援してくれるとしたら？

もしアラジンと魔法のランプを手に入れて、３つではなく無限に望みを叶えてくれるとしたら？

というくらいの気持ちで考えてみてください。


ステップ１では「できる大人」になってはいけません。

これまでの経験や、一般常識、先入観を全て脇に置いて、何も知らない子どものように、ワクワクしながら楽しんでください。


「こんなのよく聞く話じゃないか！」

そう思ったかもしれませんが、よくある話で終わる人と、実際に理想を叶えていく人の違いはここからです。

ステップ1では、忘れてもらうことが3つあります。

◎手段（どうやって達成するか？）
◎現在地
◎期日

どうやってそれを達成するかは、ここでは考えないでください。

手段が思いつかないと、できると思えなくなってしまうからです。

「どうやって達成するかは知らないけれど、これが理想」

こんな感覚でいいのです。


さらに、現在地も忘れてください。

理想と現在地が離れていると、やっぱり無理と思ってしまうからです。


「理想設定」と「目標設定」は違います。

目標設定というと、あなたはきっと達成可能なものを設定することに慣れているでしょう。

数字で例えるならば、１０５〜１２０％くらいのものを設定するはずです。現在の１００よりはちょっと上。でも２００％になると非現実的になる。だから１０５％くらい。ちょっと頑張る人で１２０％くらいに落ち着かせる。

期日を設定しないのもこれと同じ理由です。期日を考えると、１年後には無理そうだから、3年くらいかなというように、どうしても達成可能かどうかが設定基準になってしまうのです。

今よりちょっと良い生活。手が届きそうな未来。

目標設定をしてしまうと、「ありえないほど素晴らしい未来」「想像を超える世界」を設定できなくなってしまいます。

目標設定をしてはいけません。
理想の未来を設定してください。
「できない」「無理」と思ったらあなたの夢は叶いません。
ステップ1では、とにかく理想をイメージすることが大切なのです。

手段や現在地は、後でしっかり考えるので大丈夫です。
ステップ1の段階では、「手段」「現在地」「期日」を忘れ、とにかく理想を自由に設定することが最も重要です。

◉ステップ2　意識のチェンジ

理想をイメージしたら、実際にその理想が叶っていることに意識を向けてみてください。

まだ実現していない現在から、意識を未来のイメージの世界にチェンジさせるのです。

人間関係、収入、環境や身に付けているものなどなど、いろいろなものが今とは変化しているはずです。

どんな感じがしますか？

なんだかフワフワした感じがするでしょうか？

よく分からないけれど、ヤバイ感じがするでしょうか？

得体の知れない不安がこみ上げてきますか?

きっと何かしらの感情が湧いてくるはずです。

この感情を大事にしてください。

もし、とてもネガティブな感情が湧いてきたら、この感情と向き合う必要があります。

なぜなら、ここで出てきたネガティブな感情こそが、「あなたの理想を実現するブレーキが何なのか?」を知るヒントを教えてくれるからです。

このヒントを読み解く方法は、第5章以降でお伝えします。

「ワクワクして、とても楽しみ!」そんな状態になったらステップ3に進みましょう。

◉ステップ3　叶った感情を味わう

意識をチェンジさせ、ネガティブな感情のブレーキを外したら、理想の世界をすでに達成している世界を、まるで自分が本当にその世界にいるかのように感じることができるはずです。

どんな感じがしますか？

理想に向けて行動する情熱。
望みが叶ったことへの喜び。
積み上げてきたものへの自信。
応援してくれた人や支えてくれた人への感謝。
一緒にいる人への愛。

自分の幸せと自由。
今この瞬間が素晴らしいということへの気付き。
あなたの仕事やビジネスで、お客様から感謝の言葉をもらっているはずです。
愛する人と、素敵な時間を過ごしているでしょう。

「喜び」
「感謝」
「愛」

これらの感情を、しっかりと味わってください。

感情をしっかりと味わうことができれば、まるで今実際に起きているかのように、あたたかさを感じ、涙が出てくるかもしれません。
逆に言えばそれくらい深く、感情を味わうことが大切なのです。

◉ステップ4　達成感情の状態で行動する

ステップ３までは、イメージの世界でした。

当然ですが、これだけでは夢は叶いません。実際に行動することが必要です。

ここからは現在の、現実世界なので、ステップ１で一度忘れた「手段」や「現在地」「期日」をしっかりと考えていきましょう。

今いる現在地をしっかりと把握し、「今できること」「考えつくこと」を１つずつ行動に移していくのです。

ステップ１では期日を設定しませんでしたが、ステップ４ではしっかりといつまでに何を？　どのくらいやるのか？　を明確にして実行していきます。

第2章でお伝えした行動のタイプ（目標設定タイプ、直感タイプ）を思い出し、自分にあった方法で行動してください。

もしあなたが直感タイプなら、細かいTO DOリストは必要ないかもしれません。直感で「これだ！」と思うものを実行に移してください。

どんなに小さい行動でもいいのです。今考えられること、できることを行動に移しましょう。

もしかしたら今、あなたは疑問を持っているかもしれません。

考えられることをやったとしても、理想が叶うとは思えない。理想が高ければ高い程「こんなことをやったとして果たしてたどり着けるのか？」という疑念が湧いてくるのです。

これは正しい考えです。

自分が「今」考えつく行動には限界があるので、理想に対してはかなりの距離を感じるでしょう。

この今できる行動が、「次の何か」につながります。

それは人脈だったり、情報だったり、チャンスだったりで、具体的に何なのかは、今は分かりません。しかし、この小さな行動がきっかけとなるので、逆に言えば小さな行動を起こさなければ「必要な何か」はやってこないのです。

「小さな行動を起こせば、何かがおきる」

こんな感覚でいいので、とにかく行動してください。

ステップ3のすでに達成した時の感情を「達成感情」とします。

最も重要なのは、この達成感情の状態で、行動することです。

達成感情の状態だと、今自分が何をやるべきかのアイディアが浮かびやすくなります。

また、喜びや愛や達成感を得ている心地よい状態なので、「やらなければならない」「こうすべき」という変な使命感がなく、ワクワクし、楽しみながら行動することができるでしょう。

◉ステップ5　より良い結果への余地を創る

考えられる行動をしたら、結果への執着を手放しましょう。

結果への執着を手放すということは、「こうなりたい」と思いながら「こうならなくてもいい」と思うことです。

理想をイメージしながら行動しているのだから、そうならなくてもいいと思うのは矛盾があり、難しいことです。

この作業は、執着を手放すことによって、もっと良い結果を手に入れる余地を創るものです。

行動をしても上手くいかない。

なかなか結果に結びつかない。

そんな時もあるかもしれませんが、もっと良いタイミングがあったり、もっと良い結果が起きるための準備なのかもしれません。

「失敗したからこそ、その経験を活かして成功した」ということはよく聞く話だと思います。

結果への執着を手放すことは、スポーツ選手をイメージすると分かりやすいでしょう。

金メダルを取るために、血のにじむような努力をして、毎日毎日練習を重ねる。実際に金メダルを取った選手のインタビューでは「楽しみました」というコメントが多いと思いませんか？

メダルを取るために練習したのに、試合や大会当日のその瞬間は、メダルのことは忘れて楽しんでいる。

「ここまでやったのだから、あとの結果はどうなっても受け止める」

まさに「果報は寝て待て」「人事を尽くして天命を待つ」の状態です。

結果への執着はステップ4で行動ができるかどうかに関わってくるのですが、ステップ1〜3がしっかりとできていれば、たとえ多少の困難があったとしても乗り越えられ、しっかりとした行動ができるでしょう。

やるだけのことをやり、あとは楽しんで、結果は流れに任せる。

これがあなたの理想を叶える、一番の近道です。

人事を尽くしたら天命を待つのみ！

第5章　感情で分かるあなたのブレーキ

◉達成時期は設定しないほうがいい

目標設定をする時に「達成時期を一緒に設定したほうがいいですか？」という質問をよくいただきます。

私がオススメしているのは、望みを叶える5つのステップのステップ1**「理想をとにかく明確にする」**では時期は設定しない。

ステップ4**「達成感情の状態で行動する」**では時期を設定することです。

ステップ1で時期を設定しない理由は2つあります。

1つは「ネガティブな感情が出てきてしまう」。

ステップ1では、とにかく理想を自由にイメージする段階です。現在地やどうやって叶えるか？　という手段はいったん脇に置いて、最高の未来をイメージするのですが、ここで時期を設定すると、急に現実に引き戻されます。

現実に引き戻されると、

「さすがに1年では無理だろう……」

「こんなに短期間で叶うはずがない……」

「今の自分にできる気がしない……」

と次から次へとネガティブな感情が出てきてしまいます。

ステップ1では現在地を忘れ、自由にイメージすることが最も大事なことなので、ここで現実に戻される要素は必要ないのです。

達成時期を設定しないもう1つの理由は、「制限」です。

「3年以内」ではなく、1年で達成してもいいわけで、「1年以内」ではなく、半年で達成してもいい。

つまり、もっと早く達成してもいいにもかかわらず、期限を設定することで、達成時期に制限をかけることにもなるのです。

最高の未来は、最短で叶えてもいいのです。

逆にステップ4では、時期を設定したほうがいい人もいるでしょう。

目標達成型の人は特に、いつまでに、何をやるというのをしっかりと設定したほうが行動しやすいでしょう。

直感型の人も、大まかでも時期を設定したほうがよいかもしれません。

なぜなら、設定しないと、「直感が働かない」とか「今はタイミングではない」ということを言い訳にして、行動をしないこともあり得るからです。

ステップ1では、出てくるネガティブな感情は無視して、とにかく理想をイメージしましたが、ステップ4のネガティブな感情はしっかりと向き合う必要があります。

失敗するかもしれないという恐れ。
周りからどう思われるかの不安。
自分にできるかどうかの疑い。

行動する時には、この感情としっかりと向き合い、勇気を持って一歩を踏み出す必要があるのです。

恐れが完全になくなることはありません。
恐れをなくすのではなく、寄り添えばいいのです。

結果を出す人ほど、恐れを持ったまま、前に進んでいます。

動けなくなっている時の恐れは、きっと1つではありません。
「不安」「無価値感」「罪悪感」「疑い」「自己否定」
「不安」1つ取っても、失敗する不安、できるかどうかの不安、未来がどうなるか分からない不安……。いろいろあるのです。

自分の感情の1つひとつにじっくり寄り添ってください。恐れの感情を大切にしてあげてください。

感情も未来を達成する要素の1つです。

実現した時に、「こんな恐れがあったけれど、勇気を持って踏み出したからこそ今がある」というほうが、よっぽど人間らしく、ドラマがあり、感動があり、だからこそ、

他人の心が動き、望みが叶ったことを一緒に喜んでくれるのです。

◉やりたいことが分からないときには

理想をイメージしてくださいとお伝えしても、「理想が分からない」「やりたいことが分からない」「ワクワクすることが分からない」という方もいらっしゃいます。

このブレーキは大抵2つのうちのどちらかです。

1　願望の境界線を引けていない。

2　感情のスイッチがOFFになっている。

願望の境界線というのは、これまで親や世間体、一般的な評価に値するものを自分の望みだと思い込み、何年も積み重ねてきた結果、何が自分の望みで、どこからが他人の望みなのか分からなくなってしまっている状況です。

私自身も「いい大学に入りたい」「いい会社に入りたい」「結婚したい」「一戸建ての家を建てたい（しかも注文住宅で）」と思っていました。

よくよく自分と向き合ってみると、これらは一般的な評価で、他人からそこそこ成功している人だと思われたいという見栄でした。

つまり他人からよく思われたいという思いで、自分の本当の望みではなかったわけです。

「じゃあ　本当の望みは何だろう？」

そう考えても、すぐには出てきませんでした。ずっと周りに合わせ、他人や世間の望みを考える「他人軸」で生きてきたので、自分が何を求めているのか分からなかったのです。

こんな時によく言われるのが、「好きなことやワクワクすることをやりなさい」ということなのですが、好きなことやワクワクが分からないのです。

これが２つめの「感情のスイッチがＯＦＦになっている」ということです。

私は企業の管理職研修で、部下の気持ちを受け止める「傾聴」の練習として、会話から連想する感情の言葉をブレインストーミングで出し合うワークをやったことがあります。

おもしろいことに、感情の言葉が出てこないグループは、ネガティブな感情もポジティブな感情も両方とも出てきません。

感情はメビウスの輪（帯状の長方形の片方の端を１８０度ひねり、他方の端に貼り合わせた形状）のようなもので、ポジティブな感情とネガティブな感情は別々に存在しているのはなく、対になっているのです。

ネガティブな感情は良くないものとして、無視をしたり、感情にフタをしている人は、ポジティブな感情も感じられなくなります。

つまりネガティブな感情を抱かないようにしている人は、ワクワクも感じられなくなってしまうのです。

まずは感情のスイッチをONにしてください。ネガティブな感情を無視しないでください。これは怒りや嫉妬や妬みなどを、他人に向けて発信するということではありません。自分の中にある感情を、そこに存在するものとして一度認めることです。

感情のスイッチを入れることで、あなたの「好き」や「ワクワク」、「喜び」の感情

メビウスの輪

が少しずつ戻ってくることでしょう。

◉「夢が叶うと思えない」という感情のブレーキ

夢なんて叶うわけがない。叶わないのなら、最初から夢は見ないほうがいい。そのほうが傷つかなくてすむし、叶わなかったらそれまでの努力が無駄になる。

そう思う人もいるでしょう。

この場合のブレーキは「自分の可能性を信じられない」「自分には力がない」と思っていることです。

「はい、明日からポジティブで前向きに！　自分の力を信じましょう！」

なんてことを私は言いません。そんなに簡単にできるのなら、もうとっくにやっているからです。

自分の力は信じられないという方は、いったんそのままで大丈夫です。

なぜなら、あなたの夢はあなたが叶えなくてもいいからです。

例えば起業をしたいと思ったら、HP制作、マーケティング、セールスなどなど様々なことが必要で、その都度専門家と関わることになります。この専門家は、それをビジネスにしている人たちです。HPを作ってくれる人がいないかな？　と思ったら、どこかにHPを作ることが喜びだという人がいるのです。

あなたの夢は、誰かの夢を叶えることになります。

自分の力が弱くても、誰かの助けや、応援が実現可能なものにしてくれます。

自分だけで達成しようと思わなくていいのです。

自分の才能や可能性が信じられなくても、他人＝これから出逢う誰かの才能や可能性は信じられるのではないでしょうか。

自分はダメだと思うのなら、他人を信じてみましょう。

これが他力願望達成法です。

必要な人とはこれから出逢えばいいのです。

理想をイメージすることができたら、たまたま隣に座った人やたまたま誰かの紹介でということが不思議と起きてきます。

出逢いやチャンスという奇跡のような出来事や、今は全く知らない誰かが、あなたの夢を叶えてくれることでしょう。

◉ステキなパートナーと出逢いたい

理想のイメージの中に、「素敵なパートナー」が出てくる人も多いでしょう。ところが、ステップ2の夢が叶ったイメージ＝パートナーと素敵な時間を過ごしていることを想像する段階で、多くの人がつまずきます。

ステキなパートナーはイメージできるけれど、一緒にいるところがイメージできない。

「そんな素敵な人が自分を好きになってくれるわけがない」と思ってしまい、イメージができないのです。

「自分は愛される価値がない」これがブレーキです。

価値がないから、何かで価値を埋めようとする。それが料理なのか、ファッションなのか、体型なのか、出世なのか、お金を稼ぐことなのか。

愛されることが、条件付きや何かと引き換えになっていると、苦しいだけです。自分には価値がないと思うのはどこからくるのか？　しっかりと向き合う必要があります。

◉お金持ちになりたい

十分な時間やお金があることを望む人は多いと思います。

ステップ2では、すでにお金持ちになっているイメージをすることなのですが、これが難しい。

自分の銀行口座には、実際は望む金額は入っていない。クレジットカードの請求書を見て気分が落ち込む。収入と支出を計算し、マイナスになっていないかハラハラする。お金持ちのイメージを持とうとしても、ちょっとしたことですぐに現実の世界に引き戻される。

「お金持ちになりたい」＝まだお金持ちになっていない状態です。

イメージするには、今十分豊かであるというマインドにする必要があります。

お金がないことに意識を向けるのではなく、既にあるものにフォーカスしてください。

ランチを食べてもまだ財布にお金が余っている。
家賃を払っても、まだ口座にお金が残っている。
誰かに何かをプレゼントできるお金がある。

豊かさはビジネスの売上だけを意味するものではありません。

欲しいと思っていたものを、誰かからプレゼントされた場合、もしそのプレゼントが1万円のものであったら、あなたは1万円の買い物をしなくてよくなったことになります。

この場合は1万円分の豊かさが入ってきたことになります。

豊かさのイメージができない人ほど、プレゼントや臨時収入や愛など、売上や給料以外のものや形のないものを豊かさから除外しています。

意識のチェンジは、ないことやなくなることではなく、あることや入ってくることにフォーカス先を変えることなのです。

◉よい人間関係を築きたい

理想のイメージに、ビジネスや友達などの人間関係は欠かせないのだけれど、そのイメージができない。

このブレーキは人と深くつながることへの恐れです。

「人からどう思われているかが気になる」
「深くつながった結果、自分の中でとても大きな存在となった、幸せで大切なつながりを失うのが怖い」
「自分は理解してもらえない」

つながりたいと思いながら、怖くてつながれない。

表面的に付き合うことはできるけれど、それ以上は深く関われない。
本音を言うのが怖くて、本来の自分を見せられない。
浅い付き合いはラクだけど、心の奥底では寂しさを感じている。
寂しさはいずれ自分を理解してもらえない怒りに変わり、怒りは諦めに変わります。

感情は変化していきます。雪だるまのように、だんだんと大きくなって、やっかいなレベルアップをしていきます。大きくなる前の、まだ簡単に溶けやすい状態のうちに、感情と向きあっていきましょう。

この第5章で伝えてきたブレーキは、過去の経験や環境で作られてしまったものです。ブレーキを外すには、ある程度時間をかける必要があります。

ではどうしたらいいのでしょうか？

まずはブレーキに対する誤解を解きましょう。それからブレーキの外し方をお伝えしていきます。第6章以降を参考にしてみてください。

本当は深く関わりたいのに……

第6章
ネガティブな感情こそ最短で現実を変える

●問題には必ず見えない根っこがある

理想が実現していない原因があるのなら、取り除けばいいと誰もが思います。多くの人が、この原因を勘違いしていることが多いのです。

例えばあなたの目の前に、元気がなく、弱っているお花があったとしましょう。きれいな花を咲かせるために、きっとあなたは原因を探ります。

葉についた虫を取る。
お水が足りないのかと水をやる。
日当たりが良くないのかと、花を置く場所を変える。

……けれども何も変わらない。

実は本当の原因は土の中に隠れている「根っこ」だったとしたら、いろんな努力をしても、根っこを変えなければ、何をやっても良くはならない。取り組んでも良くならないから、次の手を探って頑張ってはみるものの、それも上手くいかないから続かない。

それでもやっぱり諦められず、今度は別の花を買ってきて、もう一度育ててみても、根っこに何が起きたかの原因を突き止めていないので、また同じことの繰り返しになる。

同じことが人生でも起きています。

分かりやすいように、２つ例をあげてみましょう。

［パートナーと別れようか迷う］

パートナーと上手くいかない時に、コミュニケーションの取り方なのか？　何か気を悪くさせることを言ってしまったのか？　そもそも相性が合わないのか？　いろいろ考えた結果、相手に問題があるのではないか？　という結論に辿り着く。

もっと良い人がいるのではないか？　と思い、別れたほうがいいのでは？　と迷う。

パートナーシップの本質の課題が分かっていなければ、別の人と付き合ったとしても、また同じことが起きます。

付き合う人はいつもなぜかダメ男やダメ女……、なぜかいつも束縛タイプ、別れるのはなぜかいつもこのパターンというような、「なぜかいつも〇〇」がこれに当てはまります。

つまり、根っこに何があるかについて、理解していないのです。

逆に言えば、パートナーシップの課題の本質を解決できたなら、新しいパートナーとは同じ問題は起きません。しっかりと解決した上で、新しいパートナーと起きる問題は、もう1つ上のレベルの違う問題なのです。

［転職しようか迷う］

今の職場に満足していない場合、転職を考える人も多いと思います。

上司や先輩と合わない、もっと自分にあう仕事があるような気がする、なんとなく自分がいるべき場所はここではないと感じるなど、その理由は様々でしょう。

別の職場に行けば、きっと自分の不満は解消される。自分の望みを叶えられる職場はきっとどこかに存在する。

しかし、転職エージェントに理由を伝え、もっと良い職場を紹介してもらったとしても、次の職場で同じことが起きて、この転職は間違いだったのではないか？　と再度同じ疑問が湧き上がってくるのです。

自分で問題の本質に気付き、その上で転職が本当に必要であるならば、「自分の決断は正しかった」と思うことができるので、転職後に疑問を持つことはありません。きっと最幸の仕事と巡り会うことができるでしょう。

コンサルティングプロセスでのクライアントの「主訴」は、多くの場合、課題の本質ではありません。

つまり「今」「目の前で起きている」問題は、実は本当の問題ではないことが多いのです。

表面的な問題に取り組んでも、何の解決にもならず、逆に遠回りになります。

本質を解決するには、最初から根っこに何が起きているかを読み解くことです。

ネガティブな感情こそ、この本質を知る鍵です。

多くの人が、ネガティブな感情を持っているからこそ、現実もネガティブな見方しかできず、周りもネガティブなことをすると思っています。

ネガティブな感情は良くないものと思っているからこそ、あまりネガティブな感情を見ようとしないのです。

感情を見ないのは、本質を見ていないのと同じです。

表面的な問題ではなく、根本の本質を解決できれば、不思議なもので同じ問題は二度と起きません。

どうせなら何度も取り組むよりも、一度で終わらせたほうが良いと思いませんか？

今目の前に起きている解決にならない問題ではなく、今感じている「ネガティブな感情を読み解く」ことが、本質の解決＝最短最速の問題解決なのです。

◉多くの人が感情にフタをする理由

ネガティブな感情が問題解決のヒントだとしても、多くの人が感情と向き合うことを嫌い、避けます。

ネガティブな感情は辛いものなので、通常は防衛反応が起こります。自分を守るために、もうこれ以上辛さを感じないよう、「無感覚」を引き起こすのです。

私が過去に職場のパワハラで苦しんでいた時、労働相談に行ったことがあります。当然ながら担当者は、事実確認をする必要があります。いつ、どんな状況で、誰に、何を言われたか？　何をされたのか？　細かく伝える必要があるのですが、不思議な事に大まかなことは覚えていたとしても、言われた言葉や詳細はあまり覚えていないのです。

思い出すのは泣いている自分。「ただ、ただ辛かった」ということで、どんな言葉を言われたのか？　そのままの言葉を教えてくださいと言われても、細かいことが思い出せないのです。

このような時は、よく日記を書くことや録音を勧められますが、とても納得がいきます。

人間は辛ければ辛いほど、感じないようにして、忘れるという自己防衛を選択するのです。

人によっては、複数の痛みが積み重なっていることもあります。

子どもの頃の親子関係から、親から愛されるために、自分の感情より親の気持ちを大切にした人もいるでしょう。

職場での人間関係が上手くいかず、自分が我慢すれば、この場は収まると考えた人は、無感覚が必要だったでしょう。

自分の気持ちを伝えたり、何かを訴えたりしても、否定をされ続けた人は、自分の本心は諦めという気持ちに飲み込まれたでしょう。

感情にフタをしていても、感情がなくなることはありません。積み重なっていくどころか、もっとネガティブなものに、形を変え、悪い意味で大きく成長していきます。

まずは、感情にフタをしてきたことに気付いてください。

そして、そっとフタを開けてください。

開けたフタは閉める必要があるのですが、この閉め方を伝えているのが本書です。

ネガティブな感情と向き合いたくない。もし、向き合えないと思ったとしても、それは自分の能力とは関係ありません。経験が辛ければ辛いほど、向き合えないことは普通なので、自分を否定しないでください。

できない自分や思い出せない自分を責めるのではなく、場合によっては「思い出せないほど、辛い経験をしたのだね」と自分をねぎらうことも必要なのです。

◉なぜネガティブな感情と向き合えないのか？

ネガティブな感情に浸っている場合、これが言い訳になっていることがあります。

「気分が落ち込んでいるからできない」
「今そういう状態じゃない」
「自分には無理だ」

自分では気が付かないうちに、ネガティブな状態を行動しない理由にしている場合があるのです。

この場合、周りの人にも「その状況なら仕方がない」と理解してもらえるので、行動しないことが正当化されるだけでなく、「同情」や「励まし」のおまけまでついてくるからやっかいです。

他人から否定されない安心感と、たとえ同情だとしても、「他人から気にかけてもらえる」という人とのつながりを同時に得ることができるので、無意識のうちに求めてしまっていることがあるのです。

あなたがもし、問題の本質に気付いてしまったら、都合の良い言い訳を失うことになります。

「誰かのせい」
「周りや環境のせい」
「気分のせい」

問題の根っこに気付くことは、しばしば「自分以外の何かに責任転嫁していた」という最も認めたくないことを、認めざるを得ない状況を創り出します。

人はこれを心の深いところで、知っているのです。

認めたくないからこそ、逃げる。

言い訳をして、自分以外の何かに責任転嫁しているうちは、変わりたいと言いながら何も変わらない状況を創り出します。

自分が最も認めたくないものを認めた時、言葉には言い表すことができない、「何とも言えない悔しさ」に、人は降参することになります。

この降参と悔しさが、現実を変えることにつながるのです。

◉悩みこそ幸せになれるチャンス

ネガティブな感情が、問題の本質を知るヒントだとお伝えしました。

あなたが何か悩みを抱えている時、それは「本質が何か」を知るタイミングがきているということを意味します。

悩みながら、苦しみの渦の中にいる時は、「何かを変える」必要があるということです。

変えるというのは、あなたがこれまで生きてきた環境や経験で作られてしまった思い込みに気付き、書き換え、理想のものに上書きをすることです。

ネガティブな感情は、あなたの思い込みが何であるかを教えてくれます。

感情からメッセージを受け取ることで、あなたが「今」何をすべきかを知ることができるのです。

すでにお伝えしたように、本質の問題を解決することができたら、同じ事は二度と起きません。

つまり、悩むような事が起きたということは、この本質に気付くチャンスが目の前にあるということです。

本質に気付き、解決することができたなら、あなたは人生に起きる問題を１つ減らしたことになります。

同時に、解決することであなたは成長し、本来の輝きを取り戻し、幸せを手にすることでしょう。

幸せな成功者は、この真実をよく理解しています。
だからこそ、自分自身に対する課題に感謝をすることができるのです。

◉「今なぜそれが起きたのか？」を知ることが未来を創る

「ネガティブな感情からのヒントを受け取り、メッセージを読み解く」と言われても、いったいどういうことなのか？

文章から、何となく分かるような、分からないような……。結論、よく分からないというのが、あなたの感じていることかもしれません。

ネガティブな感情は、問題の本質を知る鍵です。

「問題の本質」とは、この問題がどこから来ているのか？　を知ることになります。どこから来ているか？　が分かれば、何をどう変えればいいのかが分かります。何をどう変えればいいかが分かれば、あなたは、「なぜ、今それが起きているのか？」が分かるでしょう。

あなたが理想を明確にすることができたならば、理想を現実にするために、自分自身の成長が必要です。

例えば、ビジネスで成功する理想を掲げたのであれば、あなたは持っている才能を磨く必要があります。経営者として、リーダーとして、人としての器を広げることも必要でしょう。

つまりあなたが、ビジネスでの成功という未来を設定した時点で、才能を磨くための課題（失敗やトラブル）＝問題が発生します。

人としての器を広げるために必要な課題（人間関係のこじれ）＝問題が起きます。

あなたはこれらの課題をクリアしていくことで、理想を叶える力がある自分に近づくための成長を遂げることになるのです。

あなたに起きた問題は、あなたの理想を実現するために必要なプロセスです。

これが分かっていれば、あなたは問題の本質を知ることで、「今、起きている問題」が「理想の未来につながっている」ことが腑に落ちるでしょう。

「問題の本質は何なのか?」
「それはどこから来ているのか?」
「今、なぜそれが起きたのか?」

未来につながるヒントを得るためには、感情を読み解くことが必要です。

これから、感情の読み解き方の具体的なステップをお伝えしていきます!

理想が明確なら
起きている問題も腑に落ちる

第7章 感情からのメッセージの読み解き方
5つのフェーズ

望みを叶える5つのステップでは、理想の未来を設定し、達成感情の状態で行動するとお伝えしました。

設定する時、理想が実現できている状態をイメージする時、行動する時、上手くいかない時……それぞれの場面で感情が動くと思います。

上手くいっている時は、何も問題はありません。そのまま進んでください。

止まってしまって進めない時、ネガティブな感情が出てきた時が、チャンスです。

ネガティブな感情があなたのブレーキを知らせ、なぜ今それが起きているのか？
今どうしたらいいのか？　を教えてくれます。

感情からのメッセージを読み解くには、順番が大切です。途中からスタートしても、どこかのフェーズを飛ばしても上手くいきません。

これからお伝えするフェーズには、それぞれ意味があるのです。

各フェーズは、人によって頭の中でイメージしたほうが良い方がいれば、書き出したほうが良いという方もいます。自分に合う方法で、ここは時間をかけて、ゆっくり進めてください。

◉フェーズ１　感情に寄り添う

出てきたネガティブな感情に寄り添ってください。

感情に寄り添うということは、出てきたものが何であれ、そのまま受け止めるということです。

辛い感情でも、たとえそれが他人への批判や誹謗中傷であったとしても、いったん受け止めてください。

感情を受け止めるというのは、出てきた感情を「そのまま」「おうむ返し」で自分に伝えるということです。

「悲しいね」「寂しいね」「悔しいね」

「腹立つ！」「許せない！」「酷い！」

心の中で自分自身と会話をするように、出てきた感情を全て受け止め、何が出てきても肯定し、ただただ受け止め、寄り添ってください。

ネガティブな感情とまるで恋人のように「一緒に時を過ごす」のです。

ネガティブな感情は、辛いので、感情と恋人同士になるのはとても大変な作業です。多くの人が辛いので、このプロセスをやりません。やらないからこそ、感情は心の奥底に残ったままになるのです。

ネガティブな感情が心の奥底に残っていることは、ずっと長い間苦しみ続けることを意味します。

苦しみは、早く終わらせたほうがいいと思いませんか？

ネガティブな感情に寄り添うのは辛い作業ですが、しっかりやれば、逆に苦しみが続くことはありません。

「自分には価値がない」「そんなのできない」

↓

「無価値感を感じているんだね」「情けないね」

最初は涙が溢れたり、怒りや苦しみが込み上げて苦しいかもしれませんが、ひと通り感情に寄り添ったら、少しずつ落ち着いてくるはずです。

ここで忘れてはいけないのは、「感情は1つではない」ということです。

特にネガティブな感情を抱いている時は、複数の気持ちが絡み合っているはずです。ここでもう1つ、自分に質問をしてください。

「他にある？」

自分に問いかけることで、深い所に追いやっていた感情も出てきます。新たに出てきた感情にも寄り添ってください。

「それもあったね。他にある？」

他にある？　と数回問いかけて、何も出てこなくなるまで続けてください。
出し尽くして、全てに寄り添うことが重要です。心の奥深くに追いやってしまったものを見逃してしまうと、忘れた頃にまた取り組むことになりますので、めんどうなことは一度で終わらせましょう。

◉フェーズ２　感情の深掘りをする

感情に寄り添い尽くしたら、次のフェーズに進みましょう。

ネガティブな感情が出てきた時には、何か出来事があったはずです。それを思い出し、出てきた感情に対して、

「なぜ?」「それはどこからきているの?」と自分に数回質問し、感情の深掘りをしてください。

ひとつ例をあげてみましょう。

例えば、どうしても一歩踏み出せない時には、恐れを感じると思います。

「なぜ、怖いの?」

……失敗したくない。人に否定されたくない。

「失敗すると、なぜ否定されると思うの?」(深掘り)

……上手くいかないと意味がない。価値がない。

「なぜ意味がないと思うの? 価値がないと思うの? その考えはどこからきているの?」(さらに深掘り)

……?……?……?

掘り下げていくと、上手くいかないと意味がない、価値がないという「思い込み」に辿り着きます。

このケースでは、思い込みは子どもの頃の親子関係からきていることが多いのですが、いずれにしても、自分に問いかけることであなたは、自分自身の深い部分とつながります。

深掘りで辿り着いたものが、あなたのブレーキであり、あなたが抱えている問題の本質です。

この作業は最初難しいと感じるかもしれませんが、あなたの成長と、理想の実現に必ず結びつくものです。

ネガティブな感情は「宝箱の鍵」だと思ってください。

あなたはもうすでに、宝箱を持っています。

宝箱の中には、願望達成や成長、幸せ、成功、愛など、あなたが求めるものが全て詰まっています。

宝箱は誰でもたくさん持っているのです。

同時にあなたは、たくさんの鍵を持っています。

ただ、どの鍵がどの宝箱のものなのかは分かりません。

感情の深掘りは、宝箱に合う鍵を探し出す作業だと思ってください。

何が言いたいかというと、

「これさえやれば、宝物は手に入る」

ということです。

あなたはすでに宝箱も鍵も手にしているのですから。

欲しいものを手にするために必要なことは、1つずつ鍵を差し込み、合うかどうかを確かめるだけです。
最初は難しいと感じるかもしれませんが、やらないともったいないのです。

ほんの数回の感情の深掘りが、あなたの宝箱を開け、あなたは望むものを手にすることにつながるのです。

◉フェーズ３　自分を褒める

感情を深掘りし、ブレーキが何なのかをつきとめ、問題の本質に気付いたら、「気付いた自分を褒めてください」

宝箱の鍵を探し当てたことを、褒めてもらいたいのです。

はぁ？　そんなこと？

と思うかもしれませんが、これも重要なプロセスです。

これには2つの理由があります。

◎承認欲求
◎欲求の段階を上げる

欲求には段階があります。モチベーション理論でよく使われるので、すでにご存じの方も多いかもしれませんが、マズローの5段階の欲求では、欲求を満たすことで、より高次の欲求へ進むと言われています。

承認欲求の上の段階が自己実現欲求です。

人間には誰でも承認欲求があります。承認欲求が満たされると、自己実現欲求を満たそうとするということであれば、先に承認欲求を満たすことが必要なのです。
承認欲求が満たされないと、人は満たすことを他人に求めることになります。
認めてほしい。評価してほしい。
他人に認めてほしいからこそ、競争や他者との比較が発生するのです。

気付いたことを褒めることで、自分で自分の承認欲求を満たしてください。

フェーズ1でネガティブな感情と向き合うことは、大変なことだったと思います。よく頑張った！　と褒めてください。
フェーズ2の感情の深掘りは、自分と向き合った証拠です。よくやった！　と褒めてください。

承認欲求を満たしたら、自己実現へ進みましょう！

◉フェーズ4　感情からのメッセージを受け取る

感情の深掘りで、ブレーキや問題の本質をつきとめたら、感情からのメッセージを受け取りましょう。

感情からのメッセージを受け取るということは、ネガティブな出来事からギフト、つまりメリットを受け取ることです。

「根っこにある問題を解決すること。思い込みを書き換えること」

感情の深掘りで辿り着いた先にある、「解決」や「実現」が感情からのメッセージです。

先程の例で言うと「上手くいかないと意味がない、価値がないという思い込み」が根っこにあるものでした。

「結果ではなく、プロセスに注目する」
「一歩踏み出したことに価値がある」
「失敗に対する考え方を変える」

最初に感じた「恐れ」というネガティブな感情からのメッセージは「間違った思い込みを書き換えなさい」ということです。

メッセージを読み解くことができたら、なぜ、今それが起きたのか？　が分かるでしょう。

「怖くて一歩踏み出せない」出来事は、あなたが理想を実現させるために、恐れを手放すために起きた出来事なのです。

多くの人は「怖くても乗り越えるしかないんだよ！」という言葉を何度も聞きながら、「乗り越えられないから、困っているんじゃないか！」と思ってきたはずです。

怖さがどこからきているのか？　などあまり考えたことはないでしょう。

この場合、スモールステップを踏めばいいと聞き、達成可能な小さな目標を立てるかもしれません。

ここまでのフェーズが理解できたあなたたらなら、これが表面的で、根本解決になっていないのがお分かりでしょう。

スモールステップを踏んだとしても、上手くいかなければならない、評価をされなければ意味がないと思い込んでいる限り、たとえハードルを低くしても、同じ事が起きます。

自分と向き合い、感情と向き合うことで、深い本質に気付くことができるのです。

◉フェーズ５　古い習慣を捨てるチャレンジ

フェーズ４で本質に気付いたら、起きていた問題は誰かや外部的な要因ではなく、自分の中にあるということに気付くと思います。この時点で解決することもあるので、その場合は終了しますが、相手がいる時や新しいことを始める時など、続きがある場合、次にやることはチャレンジです。

気付いたことで、これまでの自分を脱ぎ捨て、新しい自分として「行動」することです。

先程の例で言えば、失敗に対する考え方を変え、結果ではなく、プロセスに注目しながら実際に行動するということです。

新しい自分での行動はチャレンジです。
チャレンジにはもう1つ意味があります。

フェーズ5では必ず「古い習慣」と向き合うことが必要とされるのです。

新しい自分として行動をしても、古い自分の習慣が残っています。
今回の例では、プロセスに注目しようと考え方を変え、行動を始めたとしても、気が付いたら結果に注目している。無意識に評価されなければならないと思っている。
気を抜くと、自分に染みついた習慣にいつの間にか影響を受けているのです。
新しい自分で行動して、上手くいかなかったとしても、自分を否定しないでください。

あなたが否定すべきものは「古い習慣」です。

習慣は続けなければ変わりません。

チャレンジというのは、この意味も含んでいます。つまり、古い自分から、新しい自分になるために、「続ける」というチャレンジが必要なのです。

◉５つのフェーズの例

５つのフェーズを分かりやすくするために、例をあげてみましょう。
愛が溢れる幸せなパートナーシップを築きたい。そう思いながら、実際はけんかばかり……。小さなことで言い争いになり、上手くいかない。

妻「○○さんの旦那さんが、朝ごみを捨ててたよ」
夫「それで？」

どこの家庭にもありがちな、ごみ捨て問題です。

よく言われるのは、男性脳と女性脳は違うので、
「男性は女性の言葉に隠れている気持ちを理解しましょう（共感の視点）。
女性は男性が分かるように伝えましょう（問題解決の視点）」
ということですが、これは目の前に起きている問題＝表面的な問題解決なのです。

幸せなパートナーシップのコミュニケーションについて、5つのフェーズで見ていきましょう。

フェーズ1

起きている事実は、○○さんの旦那さんはごみを捨てているということです。この事実に妻は、自分の旦那にもごみを捨ててほしいと思っています。まずはこの感情に

寄り添いましょう。

他人に対して「羨ましい」。
自分の旦那に対する「期待」、期待が叶わない「怒り」。

1つひとつの感情に寄り添います。

（羨ましいね）
「うちの旦那にもごみ捨ててほしいよね」（協力してほしいよね）
「それで？　って旦那の言葉は全然私のことを分かってくれていない！」（腹が立つよね）
「だいたい私だって家事と子育てと仕事で忙しいの！」
（理解してもらいたいよね）
（ねぎらってほしいよね）

フェーズ2

「なぜ羨ましいの？　なぜ腹が立つの？」（感情の深掘り）
……○○さんの旦那さんは手伝ってくれる。うちは手伝ってくれない。
「なぜ手伝ってほしいの？」
……仕事も忙しくて、子育ても大変で余裕がない。もっと理解してほしい。
「もっと理解してほしいという気持ちはどこからきているの？」（深掘り）
……夫に理解されていないと思っている。寂しいし、愛されたい。

フェーズ3

「自分が夫に理解されていないと感じている」これに気付いたことを褒めましょう。

（辛い感情によく気が付いたね）
（よくネガティブな感情に寄り添えたね）
（よく気が付いたね）

幸せなパートナーシップのブレーキとなっているのは、「理解されていないと感じている。本当は寂しくて愛されていないのではないかと不安を感じている」という心の深い部分にある本心を、お互いに共有できていないことです。

フェーズ4

気付いた自分で行動です。この場合はパートナーシップなので、旦那さんと会話をすることになります。

フェーズ1で感情に寄り添うことがしっかりできていれば、感情の整理がついてい

る状態です。逆に言えば、整理がついていない状況で会話をすると、感情的になり、本来すべき会話ができなくなるのです。

妻が夫に伝えることは、

「ごみを捨ててほしい」ではありません。

「私はあなたに理解されていないと感じている」ということです。

忙しくて、余裕がなくて、本当は助けてほしいと思っているけれど、気持ちが届かない。

新しい自分で行動をするということは、深掘りした感情を相手に伝え、深掘りした感情の状態＝恐れや本心を持ったまま、本来の自分自身の状態でコミュニケーションを取るということです。

それは、旦那さんがなぜごみを捨ててくれないか？　自分だけでなく相手の深いところにある本質についての会話をするということでもあります。

ごみ捨てはカッコ悪いと思っている。近所の人に男がゴミを捨てている所を見られたくない。でも、奥さんのことは理解したいと思っている。

問題の本質で行動ができれば、深い感情が理解できるはずです。

男性のみなさん。
ごみ捨て問題に「女性の理解してほしい気持ち。寂しさ。愛されたい気持ち」が隠れていることを考えたことがありますか？
女性のみなさん。
ごみ捨て問題に「男としてのプライド」が隠れていることがあることを考えたことがありますか？

ごみ捨て問題を表面的に解決しようとすると、多くの場合は折衷案になります。燃えるごみは妻、資源ごみは夫。週3は妻、週2が夫、というような解決になりがちです。

あるいは、夫婦のコミュニケーション術で、妻は夫にかわいく甘えてみるという甘え方テクニックを試すことになるかもしれません。

これが表面的な問題解決で、根本解決ができていないということが、お分かりでしょうか？

つまり解決できていないので、また問題が起こります。

保育園はどちらが迎えに行くのか？　食器はどちらが洗うのか？

ごみ捨てと子どもの送り迎えと食器洗いは、起きていることが別に見えるので、全く違う問題に思えますが、根本は1つです。

本質で会話ができれば、折衷案やノウハウではなく、男性のプライドを尊重しながら、女性が理解されていると感じるにはどうしたらよいか？　が解決策になります。

どちらがごみを捨てるか？　ということではなく、「いつもありがとう」と声をかけることかもしれません。大変なのをねぎらって、時には外食をすることかもしれません。ごみ捨ては他人に見られることに抵抗があるけれど、洗濯物を畳むのは手伝えるとなるのかもしれません。

表面的な解決だと、そこにはコントロールと犠牲の関係ができあがります。

お互いに自分がどれだけ正しいかを主張し、相手がどれだけ間違っているかを説得することに時間を費やすのです。

ここには「勝ち」「負け」が存在し、どちらかが妥協をすることになります。

妥協したほうを「理解がある大人」と表現する人もいますが、そうではありません。犠牲は長く続けることはできず、いつか爆発する時がくるのです。

失敗をしたり、落ち込んでいる時に、「その気持ち分かる。自分にも同じようなことがあった」と言われたら、「分かってくれて本当にありがとう」と心から嬉しく思うのか「お前に何が分かる?」と腹が立つのかは、心の立場の違いです。同じ心の目線で心底寄り添うのか? 上から目線で同情や憐みの気持ちで声をかけるのか?

感情の深掘りは、心の立ち位置までも知らせてくれます。

本当の意味で、器が広い人や人望がある人は、犠牲もコントロールもなく、同じ心の立ち位置で、お互いを深い部分で理解し合い、解決策を見出すことができる人なのです。

5つのフェーズが理解できれば、何か起きた時に最初に向き合うのは相手ではなく、「自分」であるということに気付くでしょう。

◉弱さこそ強さである

「完璧ではなく、弱さをみせて周りからの協力や助けをもらう」
マネジメントやリーダーシップ論で良く聞く話です。

この弱さを見せるというのは、ただ単に失敗談や自分ができないことを伝えるだけではありません。

「力不足だから助けてほしい。協力してほしい」と言われた時に、「心から応援しよう」と思う人と、「そう言われても、自分も忙しいから、ひとりで頑張って」と、なぜか協力する気になれない人もいる。

この違いは何なのでしょうか？

真のリーダーがやっていることは、深掘りしたレベルの感情を相手とシェアすることです。

深い部分を見せるからこそ、人はそこに人間らしさと勇気を感じ取り、本気度が伝わるからこそ、人は「協力しよう」「一緒に頑張ろう」という気持ちになるのです。

リーダーとして叱ることができなかったから、組織が崩れてしまった。けれども、これからは変えていこうと決意した。こんな時に心の奥底にあるのは、「他人からどう思われるか？」という恐れです。

部下に対して、これまで「嫌われたくないから叱ることができなかった」と伝えるには、自分の中に「人に嫌われたくない気持ち」があったことを、自身で認めることが必要です。そしてその惨めな自分を、人に伝えるということは勇気がいることです。上司やリーダーがこの深い感情を吐露しながら、「どうしても目標を達成したい。組織を変えたい」と言われたら、「そこまで言うのなら、一緒にがんばろう」という気持ちになるでしょう。

自分の深い部分の弱さを見せることが本当の強さ。

表面のプライドを捨てて自分の深い部分の本質を守ることが本当のプライド。

これらは感情を深掘し、深掘りした感情を受け止め、心の深いところに存在していた自分の本質を表現したからこそ、できることなのです。

◉感情は組織にまで影響する

職場は人の集まりです。人には感情があります。

つまり、職場には感情が流れているのです。


従業員の感情が職場を作り、経営者の感情が会社を作ります。

「働きやすさ」より「働きがい」、ES（エンプロイーサティスファクション：従業員満足度）よりも、EH（エンプロイーハピネス：従業員幸福度）が注目され、エンゲージメントが高い職場は生産性や創造性が高く、利益を生み出し、離職率が低いとされています。

働きがいやEHは、安心安全な場で、一人ひとりの価値観をお互いに理解し合う風土＝心理的安全性が必要不可欠です。

お互いを理解し合うということは、表面的ではなく、深掘りした感情を理解し合うことを意味します。

立場や社歴ではなく、心理的には同じ立場で、相手を深く理解することができれば、職場のコミュニケーションが変わります。

オンやオフに切り替える必要もなく、本来の自分で仕事をすることができます。

感情が内発的なモチベーションを教えてくれるからこそ、「幸せに働く」ということはどういうことなのかが分かり、実現させることができるのです。

経営者を見れば会社が分かる。
従業員を見れば会社が分かる。

感情も同じです。
経営者の感情が従業員に影響を与え、従業員の感情は売り上げに影響を与えます。

なぜ、その行動をとったのか？　あるいはしなかったのか？
どうして、できないのか？　あるいはできるのか？

どうしたら上手くいくのか？
一人ひとりの能力を伸ばすには、どうしたらいいのか？

自分自身と向き合うことができる＝感情からのメッセージを読み解くことができる経営者やリーダーほど、スタッフの気持ちや行動が理解でき、成熟した組織を作っていくことができるでしょう。

自分自身の中にある「深い感情」を理解することで、相手とのコミュニケーションの内容が変わります。

心の奥底の深い感情でのコミュニケーションは、人と深くつながる「幸せな人間関係」を築きます。

人間関係は組織を作り、社会とつながります。

個人の幸せは誰かの幸せにつながり、社会の幸せにつながるのです。

心を合わせて理解しあえれば、幸せな組織になる

第8章

あなたの達成感情レベルを上げる方法

◉課題に気付いた時点で9割クリア

コンサルティングやコーチングをしていると、お客様からよく次のようなご質問をいただきます。

「今の自分には○○が課題だと思うのですが、どうしたらよいでしょうか?」

このような質問をいただいた時は、私は心の底から、

「おめでとうございます」
と言いたくなります（実際にお伝えすることもあります）。

例えば、右も左も分からない新入社員に、「分からないことがあったら、気軽に聞いてね」と声をかけても、当の本人は何も質問してこない。

質問をしてこないのだから、分かっているのかと思いきや、全然分かっていない。

職場でよくある話だと思います。

それではなぜ、質問してこないのか？

この場合、新入社員が抱えているのは、「何を聞いていいのか、分からない」ということです。

つまり「分からないことが分からない」のです。

ダイエットにしても、組織の課題にしても、自分自身の在り方にしても、一番厄介

なのは、自分が取り組むべき事を自覚することです。

体重の実数値、離職率が高いのは組織に問題があるという事実、採用ができないのは魅力的な会社ではないという事実、部下がついてこないのは自分のせいだという事実。

これらの事実に気付くことが一番難しく、厄介な人ほど、「自分には当てはまらない」と思っていたり、自分の弱さや欠点を認めたくなかったり、課題が存在していることすら、自覚がないのが普通なのです。

自分の課題に気付いている時点で、一番難しいことを乗り越えているということになるので、ほぼ課題はクリアしています。

「○○が課題だと思うのですが……」と相談に来られるお客様ほど、私がお伝えすることは少ないのです。

課題を把握している時点で、「気付く力」を持っている証拠です。
さらに、取り組む行動力や乗り越えるだけの力があるという証拠でもあります。

「課題に気付いた時点で９割クリア」

課題に気付いた時点で、一番の難所はすでに超えているのです。
９割クリアということは、ほぼクリアしたのと同じようなものです。

課題に気付いた時点で、
「自分は課題を乗り越えた」
と９割成し遂げた自分を褒めてあげてください。

「課題がある」のではなく、「課題は、ほぼクリアした」と前向きに考えることができるのです。

◉心のハードルの種類

望みを叶える5つのステップのステップ3で、もうすでに叶っている感情を味わいましょう！　と言っても、「それができないから、困るのだ！」と思うこともあるでしょう。

邪魔をしているのは、心のハードルです。

心のハードルには3つの種類があります。

1　過去の痛み

子どもの頃や、親子関係、育ってきた環境や経験で、自分が傷ついたり、誰かを傷つけたりする経験があると、同じような出来事に遭遇した時に、心の中に「禁止」のハードルが登場します。

過去の痛みから、「もう二度とやってはいけない」「どうせできない」と思うのです。

子どもの頃に、失敗をして叱られた経験がある人は、「失敗はしてはいけない」と思い込んでいます。

子どもの頃に、「良い成績（結果）を出した時は褒められる」という経験をした方は、結果を出さないと他人から認められないと思い込んでいます。

「失敗してはいけない」と思っている人は、失敗する要素をゼロにしない限り、すでに叶っているというイメージをすることができません。

「結果を出さないといけない」と思っている人は、完璧なイメージ以外は叶っていると認められないのです。

5つのフェーズの感情の深掘りをしてみましょう。
もしかしたら、まだ癒されていない過去の傷が、残っているかもしれません。

2　考え方の習慣

知らず知らずのうちに、人は自分の考え方の傾向を作り、それが習慣になっています。

自分の考え方に限界を持ち、不可能だと思っているうちは、すでに叶っている感情を味わうことはできません。

「いつも1回戦負けのチームが、全国大会で優勝」「営業成績最下位の人がトップになる」「来期の売上目標は、今期の2倍」という場合、目標を設定しながら、多くの人が心のどこかで「どうせ無理だろう」と思うでしょう。

これまでの自分の枠が邪魔をして、どうせできない結果や今までと変わらない結果をイメージすることは簡単にできても、現実を劇的に変える「すでに叶っているイメージ」はなかなかできないのです。

自分で限界を作っていることに気が付いたら、自分で枠を外し、思い込みを自分の理想のものに書き換える必要があるのです。

3　知らない

すでに叶っている感情を味わうには、「叶っている世界を知っている」必要があります。知らないことはなかなかイメージできないのです。

お金持ちになりたいと願うのならば、お金持ちの世界を知らなければなりません。

私はテレビを見るまで、お金持ちの人が「値札を見ずに買い物をする」ということを知りませんでした。

値札を見ずに買うという世界が、存在すると思っていなかったのです。

全国大会で勝ちたいのであれば、全国大会の緊張感やプレッシャーを知る必要があり、営業成績でトップを取るには、トップの達成感や喜びを知る必要があり、2倍の売上を出すには、売上が2倍になった時の会社の状態や顧客や社員がどうなっているかを知る必要があるのです。

達成感情を味わうには、自由にイメージすることに加えて、自分の望みが叶った世界を調べたり、人に聞いたりすることで、知らないを「知っている」に変える必要があり、知っていることを「当たり前にする」必要があるのです。

◉ビジネスにおける過去の感情

心のハードルの1つに、過去の痛みがあることをお伝えしました。

ビジネスの現場において、この「過去の痛み」は意外にも大きな影響を与えています。

以前の私は、人に「NO」を言うことや、依頼や頼み事を「断る」ことが苦手でした。自分の仕事量がいっぱいでも引き受けてしまう。頼まれると断れず、そのうち仕事が回らなくなり、ギリギリになってから人に振ることになるので、結果的に部下に迷惑をかけるということがありました。

5つのフェーズで感情の深掘りをしていくと、父親との関係が浮かび上がってきました。

父の父（私の祖父）は、ほとんど家にいなかったと聞いています。父は自分が子どもの頃に体験した辛さを、自分の子どもにはさせたくないと、私にたくさんの愛情を注いでくれました。

「良い父親」というものがどんなものなのかが分からない父は、本当に試行錯誤しながら、迷い、時には後悔し、自分を犠牲にしながら子育てをしていたのだと想像します。

子どもながらに私は、父の努力と親の愛情を感じ取っていたのだと思います。

断る＝父の愛情を断る＝父を傷つける

私の中で、「断る＝傷つける」という図式が成り立っていました。
自分と相手の気持ちが異なる場合、自分の気持ちを伝えることは、相手の期待に応えないことになり、相手を傷つけることだと思い込んでいたのです。

感情の深掘りをすることで、あなたがもし、過去の痛みに気付くことができたなら、過去の痛みを癒してあげましょう。

もし、痛みを作った原因の方と話をすることができるのなら、話をしてみてください。感情に寄り添い、出てきた過去の感情をそのまま伝えてみるのです。「あの時自分は、苦しかった。傷ついていた。悲しかった」などなど、出てきた複数の感情をそのまま伝えてみてください。

さらに「本当はこうしてほしかった」という想いも一緒に伝えることができたらベストです。

話し合うことができたなら、きっと、自分の思い込みが間違っていたことに気が付くでしょう。

「悲しみや苦しみや寂しさや痛み」というネガティブな感情しか残っていない出来事に、本当は「愛や思いやりや優しさ」が、確かに存在していたことに気が付くはず

です。

涙と痛みと怒りの裏に、温かさと柔らかさと愛が、ただ形を変えていただけだったということが分かるはずです。

どうしても許せない過去なら、無理をしなくても大丈夫です。

その時は、怒りや恨みや憎しみから、愛まではいかなくても、相手を理解することや、相手を許すことにつながれば、過去の痛みと感情は少しずつ癒されていくことでしょう。

もし、話すことができないのなら、過去の感情と本当はこうしてほしかったという気持ちを、紙に書いてみてください。

出さない手紙を書くだけでも、気持ちは変化していきます。

過去の痛みを癒すことができたのなら、「今」の現実も変わります。

ビジネスの現場で起きている困ったことが、起きなくなるのです。

私の例で言えば、過去の痛みを癒したことで、「ＮＯ」ということや「断る」ということができるようになりました。

多くの人が、今起きていることが、過去の感情に関係があるとは思っていないはずです。

職場の人間関係が上手くいかない人は、相手が悪いのではなく、自分の中に眠っている過去の感情が反応しているのかもしれません。

現状を変えるには、相手を変えるのではなく、自分の中にあるものを変える必要があるのです。

自分の中にある感情が反応しなくなるからこそ、現実も変わるのです。

感情の深掘りをすると、ここに気付くことができます。

まだ癒されていない傷に気付き、過去の痛みを癒すために「今この困ったことが起きている」と思えるようになることが、考え方を変え、見える世界を変えるのです。

◉思い込みを書き換える方法

心の2つめのハードル「考え方の習慣」を変えるには、自分の思い込みを書き換える必要があります。

思い込みを書き換えるには、自分が信じている公式が成り立たないことを証明すればいいのです。

先程の私の父の例では、私が持っていた公式は、
「断る」＝「相手を傷つける」
というものでした。

この場合、公式を書き換えるために「断っても、相手を傷つけない」もしくは、「断っても、愛されている」というエビデンスを、過去の体験から探すのです。

自分自身の過去から探すことができれば一番良いのですが、全く関係ない人や、他人の経験でもかまいません。

とにかく、自分で作ってしまった公式が成り立たないことが証明できればいいのです。

私の場合は、父と話す時間を作り、子どもの頃の痛みや気持ちを話しました。

父に自分の人生をコントロールされ、私のやりたいことは叶わない。そう思っていましたが、実際に父から聞かれたのは「そんなことはない。お父さんは、応援していた」

という言葉でした。

そんなはずはない！　と思いましたが、父は受験の時や部活など、私を応援していた場面を次々と伝えてくれたのです。しかし驚くことに、私の記憶は一切消去されていて、全く残っていなかったのです。

本音で話をしたことで、父の敷いたレールを進むだけの人生だと思っていたのが、そうではなく、心から応援してもらえていたことや、断っても親の愛情は変わらないことが分かりました。

「失敗をしてはいけない」

そう思っている人は、失敗をしても大丈夫だという事例や、失敗があったからこそ成功に結び付いたという事例を探せばいいのです。

「結果を出さないと認めてもらえない」

そう思っている人は、結果ではなく過程（プロセス）を認めてもらったとか、結果が出なくても認めてもらった事例を探すのです。

公式が成り立たないことが証明できれば、脳の神経回路を書き換えることができ、必要のない考え方を手放すことができるのです。

◉未来の感情を味わうために必要なこと

３つめの心のハードルは、ただ単に「知らない」ということでした。

多くの人は、達成しているイメージができないことを、自分の能力がないからだと勘違いをしています。

知らないことをイメージするのは、誰にでも難しいことで、スキルがないからではないのです。

知らないのであれば、教えてもらう必要があります。
もうすでに叶えている人に、教えてもらいましょう。

値札を見ずに買い物をする世界を知るには、値札を見ずに買い物をする人に聞く必要があるのです。

叶えたいことがあると、私はすでに叶っている人に会いに行き、話を聴くようにしています。

すると、食事の時などの何気ない会話の中に「そんな考え方があるのか！」と全く知らない世界を見せてもらえる時があったり、これまでの自分とは、真逆の考え方に、ただただ驚くということがたくさんあるのです。

真逆の世界を知らなければ、反対側の世界に行くことはできません。
これは一人でどう頑張ってもできないことです。
何しろそこには、考えもしなかったことが存在しているのですから。

◉嫉妬から才能を見つける

すでに叶っている感情を味わうことは、「自分には叶える力がある」と思えなければ、難しいと思います。

とは言え、自分には力があると思うことは簡単ではありません。

自分には才能なんてない。

自分には何もないと思う世界から抜け出し、自分が持っている力を見つける方法をお伝えしましょう。

あなたが憧れる人や尊敬している人をイメージしてください。

「どんなところに憧れるのでしょう?」
「どんな部分を尊敬しているのでしょう?」

出てきた答えが、あなたが持っている才能です。

歌が上手いと思う人は、音程がしっかりしていることが分かるからこそ、上手いと思うのです。

料理が美味しいと思う人は、わずかな調味料の差や素材の活かし方を分かっているからこそ、美味しさに気付くのです。

嫉妬や妬みも同じです。

見えているからこそ、嫉妬し、気付いているからこそ妬むのです。

「あなたは何に嫉妬し、何を妬んでいるのでしょう？」

出てきた答えが、あなたが持っている才能です。

たとえ尊敬する「人」が同じであっても、尊敬する「部分」は人によって違っていたりするものです。

才能を持っているからこそ、気付くことができるのであって、見えている部分が違うのです。

「自分にもできる」と確信を持つ方法は他にもあります。
2つ紹介しましょう。

1つ目は、自分のやりたいことをすでに叶えている人の中で、たいしたことがない人を探すことです。

「こんな人でもできるなら、自分でもできるかも」
「このレベルや内容でやっているなら、自分にもできるかも」

要は他人のあら探しをするわけですが、言葉にしなければ誰にも迷惑はかけません。できる他人と比べると、自信をなくすことになりますが、できない他人と比べると自信がつきます。

これは口に出した時点でとても嫌な人になりますので、あくまで行動に移すための手段の1つで、自分自身の心の中だけで、こっそりやってください。

「自分にもできる」と確信をもつ方法の２つ目は、すでに叶えている人と、自分の共通点を探すことです。

この共通点は、「共通点があるから自分でもできる」と、思えるものであれば、何でもいいのです。

私はこれを「素敵な勘違い」と呼んでいます。

私がコンサルティングでよくお客様に話す内容を、少しだけご紹介しましょう。

メンターのセミナーに参加した時のことです。

「あっ！　同じだ！」

と思ったことがありました。

ステージ右側の机には、いつも水とのど飴が用意されているのですが、その「のど飴」

が、のどの調子が悪い時に、私がいつも好んで買っているものと全く同じだったのです。

「同じのど飴だ」と思った瞬間、メンターとの共通点を発見し、なぜか「共通点があるのだから、私にもメンターと同じことができる」と思ったのです。

はい、短絡的です。

もちろん、同じのど飴を舐めたからといって、夢が叶うはずはありません。

世の中そんなに甘くはありません。

ただ、自分が「確信を持って、勘違い」できれば、何でもいいのです。

私がお伝えしたいのは、勘違いができて、「自分でもできる！」と思うことができるなら、

「傍から見れば、馬鹿馬鹿しいことでもいい！」

ということなのです。

お客様に、のど飴の話をして、「ね、バカでしょ?」と言うと、大笑いされますが、大抵の場合、
「それなら、自分にもできそうです」
と言ってもらえます。

つまりのど飴でも、好きな色でも、洋服の好みでも、素敵な勘違いができるのであれば、何でもいいのです。

大事なのは「自分にもできるというマインド」です。

実はこの話には続きがあって、メンターの次のセミナーに参加した時には、例の「のど飴」は用意してありませんでした。

つまり、その１回だけ用意されていたものだったのです。

でも、関係ありません。

なぜなら、もうすでに私の中で、**「自分にもできる」という確信が生まれていたので、すでに叶った感情を味わうことができていたからです。**

素敵な勘違いが、行動と現実を変えるのです。

◉ネガティブな感情を感謝に変える

感謝をするとよいとよく言われますが、ネガティブな感情をなかったことにはできません。

無理にポジティブに持っていくことはできないのです。

5つのフェーズで感情に寄り添い、感情の深掘りをして、感情からのメッセージを読み解くことができれば、あなたは大切なことに気が付くはずです。この大切なことが何なのかあらかじめ分かっていれば、あなたはなんとなくでも、あたりをつけることができるでしょう。これからそのポイントをお伝えしていきます。

感情からのメッセージは大きく分けて3つあります。

1　過去の痛み・自分の枠
2　愛
3　才能・自分の本質

◎過去の痛み・自分の枠

人は誰しも心の中に、まだ癒されていない心の傷を持っています。多くは子どもの頃に作られた傷です。

子どもの頃は、自分で生活をしていくことができないため、親に愛されるということは、生きていく上で必要なことであり、親に愛されないということは、本能的に生死に関わることを意味します。

親に愛されようと必死になり、親が嫌がることはしないようになる。

大人になって、自分で生活していくことが可能になって、もう関係ないにもかかわらず、「愛されポイントや愛されないポイント」がずっと心の中に、普遍の法則として残っているのです。

例えば、子どものころに、人と違うことをして怒られた経験があるとしましょう。

「なぜあなたはいつもこうなの！　どうしてみんなと一緒にできないの！」と叱られた子どもは、親から愛されるためには、周りと同じように行動をするということを学ぶでしょう。

人と違うことをするのは、叱られること＝親の愛を得られないことを意味します。人と違うことはやってはいけないという法則ができあがるのです。

「人と違うことをして叱られた」という心の傷は、大人になっても残ります。

この場合、人と違うことをしている人、クリエイティブな人、個性的な人、輪を乱す人を見ると、ネガティブな感情が湧いてくるでしょう。

心の奥底で、やってはいけないと思っていることを、目の前で堂々とやっている人がいるわけですから。

また、自分が何か人と違うことをしようとする時や、新しいことにチャレンジする時には、なかなか行動に移せないはずです。

人と違うことをすることは、人から愛されないことを意味するので、行動することは、心の奥底で無意識に生死に関わるくらいの恐怖とつながり、行動に移せないくらいの、ネガティブな感情が出てきて当然なのです。

ネガティブな感情は、心の傷に気付き、癒し、古い方程式はもう必要ないということを、教えてくれるきっかけでもあるのです。

◎愛

人間関係のこじれは、確かに存在している愛に気付くための出来事かもしれません。兄弟やパートナー、職場の人間関係をきっかけに、怒りと孤独と痛みに埋もれて見えていなかった愛を知るための出来事という可能性があるのです。

けんかをしてお互いの気持ちをぶつけたことで、「そんな風に思ってくれているなんて、全然知らなかった」ということに気付いた経験は、きっと誰にでもあるでしょう。

両親との関係を癒し和解をすることは、記憶から消えていた、親の愛を思い出すことにつながるかもしれません。子どもの頃の痛みが癒され、人間関係やビジネスにも変化があったという例は数多く存在します。

パートナーとの関係を見直すことで、自分を犠牲にしてきたことや、相手をコントロールしようとしていたことに気付くかもしれません。

相手に嫌われないように、偽りの自分を見せていたことから抜け出し、本当の自分を見せることで、ありのままの自分を愛してくれる人の存在を知ったかもしれません。

人間関係のこじれをきっかけに、自分と向き合い、相手とのコミュニケーションの仕方を変えることは、誰もが望む愛に気付き、愛を手に入れることになるでしょう。

◎才能

イライラはあなたの才能の裏返しかもしれません。

理想や最高の状態が分かるからこそ、そうではない現実に怒りの感情が芽生えるのです。


私は職場で、人が使う言葉にイライラすることがあります。

「そんな言い方をするから、角が立つのに」

「もっと違う言い方をすればいいのに」

「その言い方は、言われた人は傷つくな……」

ちょっとした言葉が、とても気になります。


これは、私が人より言葉を重視しているからです。

言葉は人を傷つけることもできれば、人を救うことも、勇気づけることもできる。

言葉は人の人生に大きな影響を与えることを知っているからです。

光の言葉が見えているからこそ、そうではない違う使い方や人の才能を潰す言葉に腹が立つのです。

職場で誰かに対してイライラした時は、その人の何に腹が立つのか感情の深掘りをしてみてください。

深掘りした先にきっと、あなたの才能が見つかります。

◎自分の本質

リストラや倒産や病気は、自分の本質を知らせてくれているのかもしれません。

職や健康を失うことは、自分が本当に大切にすべきものに気付いたり、本来やるべき仕事を思い出したりするためのヒントであることが多いのです。

私はＯＬ時代の職場でパワハラにあった経験があります。

朝礼で全員の前でミスを指摘され、「あなたはもういらない」と言われ、自己否定と無価値感の中、全員が立ったまま延々と私への説教話を聞いていることに、一緒に働く周りの全ての人に、申し訳ない気持ちでいっぱいでした。

稟議書は「意味が分からない」という理由で通らず、印を押してもらえない。書類の書き方が悪いのかと、同僚に聞いても問題はないと言われる。直属の上司は承認印を押しているので、何が悪いのか分からない。分からないから勇気を振り絞って聞きにいくと、「そんなことも分からないの!」と言われて教えてもらえない。書類が通らないから、仕事が進まない。仕事が進まないと、なぜやっていないのかと怒られる。毎日が辛く、次第に私はうつ状態になっていました。

「うつ状態」と書いているのには理由があります。

誤解を恐れずに言うならば、私はうつ病の人を尊敬しています。

なぜなら、私には病院に行く勇気すらなかったのです。

インターネットによくあるうつ病チェックをいくつもやりました。何度やってもうつ病の可能性が高いという結果で、受診をすすめるものでした。

当時の私は、自分がうつ病だと診断されることを受け入れることができなかったのです。もし診断されたら、受け止められない。だから病院に行くことが怖くて、できなかったのです。

うつ病の人は、少なくとも病院に行く勇気があったのだと思っています。その意味で私は尊敬しているのです。

当時の旦那は失業しており、35年ローンで家を建てたばかり、二人の子供を育てていくためには、私が職を失うわけにはいかない。どんなに辛くても、この仕事にしがみつくしかなかったのです。

ある日、最寄りの駅から、職場までの道のりで、信号待ちをしている時、私は泣いている自分に驚きました。

なぜ泣いているのか？　自分で分からないけれど泣いているのです。何かを思い出したわけでもない。誰かに何かを言われたわけでもない。

分からないけれど泣いている。

毎日否定をされていると、自分に自信がなくなり、判断ができなくなり、全ての事を人に聞くようになりました。

「これであっている？」

「私はこう思うのだけど、私は間違っている？」

これが私の本質を知り、私自身の原点を知るきっかけになりました。。

人は思うことや感じること＝感情は自由なはずなのです。

感情を表現する時に、相手への配慮や場面に応じた対応ということは求められますが、「思う」ことや「感じる」ことは、たとえどんなことであったとしても自由です。

自由であるはずのものを、いちいち他人にお伺いを立てている自分に気が付いた時に、私は退職を決意しました。

「このままでは自分が自分でなくなる」

感情は自由であり、自分が自分であるために、重要なものである。
だからこそ、私は感情を大切にしているのです。

このパワハラがなかったら、私はカウンセラーとしての勉強をしていませんでしたし、感情を大切にすることも、自分は何者なのか？　ということを考えることもなかったと思います。

私にとって、人生でナンバー1の辛い出来事は、私の本質を知るための出来事でした。
これだけの辛い経験がなかったら、今の私はありません。
この意味で、最も辛い経験は、私が自分の本質を知り、人生の目的にたどり着くきっかけとなり、大事なことに気付けたというギフトなのです。

もしあなたが、過去に辛い経験をしていたら、今何かに苦しんでいるとしたら、それはあなたが、自分が何者で、世の中に何を提供できるかを知るために起きているのかもしれません。

経験が辛ければ辛いほど、自分の本質に関係があります。辛さの最中にいる時は、そんなものは知らなくていい。そんな苦しい経験はいらないと思うかもしれません。

最も辛い出来事を、かけがえのないギフトに変えられるかどうかは、起きた出来事の意味＝メッセージを受け取るかどうかであり、あなた次第なのです。

5つのフェーズで、感情からのメッセージを受け取ることができたなら、ネガティブな感情が発生した理由が分かり、その最悪であった出来事に、自然と感謝することができるでしょう。

「あの出来事があったからこそ、今がある」

ネガティブ感情を無視するのではなく、順を追っていけば、なぜそれが起きたのかが分かるはずです。

ネガティブな感情から逃げていては、本質に触れることができません。

ネガティブな感情を大切にするからこそ、感謝に辿り着けるのです。

辛い経験も
未来へのギフトに変えよう！

Part3　未来を創るキーポイント感情

第9章 理想の実現を阻む原因

これまで、夢を叶えるステップや方法をお伝えしてきましたが、それでも叶わないという方がいらっしゃいます。

いろいろなお客様と接して、分かったことは、「いくつかのパターンがある」ということです。

この章では、そのパターンを紹介していきましょう。

◉「成功したら困る」という隠れた想い

「ビジネスで成功したい」
「ライフワークで幸せに生きていきたい」
「お金持ちになりたい」

夢が叶うことを望みながら、心の奥底で、「本当に叶ったら困る何か」が存在しているのですが、心の深い部分を意識している人は少ないので、気付かないことが多いのです。

ビジネスが上手くいくと、忙しくなって時間がなくなる。
ライフワークをやったら、批判する人がいる。
お金持ちになったら、誰かに嫉妬される。

大切な人を失ったり、大事な人との関係を壊したくない。

といった恐れがあるのです。

私はこれを、

「ネガティブメリット」

と呼んでいます。

つまり、夢が叶わないことのメリットなのですが、これは簡単な質問で分かります。


「夢が叶わないことのメリットは何？」

もしくは、

「夢が叶うことのデメリットは何？」


チャレンジしなければ、批判されない＝傷つかなくて済む。

リスクを冒さなければ、ずっと安定した生活でいられる。

今の人間関係を維持できる。

このネガティブメリットが存在すると、心の奥底で、「夢が叶わないことを望んでいる」ことになります。

ネガティブメリットを見つけたら、感情の深掘りでその考え方がどこから来ているのかを突き止め、思い込みを変えていきましょう。

人間関係が変わることはありますが、その分新しい出逢いがあります。
ネガティブメリットの正体が分かったら、時には、パートナーや家族と本音で話し合うことが必要だということに気付くかもしれません。

いずれにしても、
あなたは幸せになってもいいのです。
夢を叶えてもいいのです。
欲張りに全てを望んでもいいのです。

◉ブレーキをかける思い込みの正体

なかなかうまくいかない時に、よく「車でいうアクセルとブレーキを一緒に踏んでいる状態」と言われたりします。

ではこの「ブレーキ」の正体は一体何なのでしょうか？

ビジネスで成功するためには、家族を犠牲にしなければならない。
睡眠時間を削るくらい頑張らなければ、上手くいかない。
自分のやりたいことをやるには、多少人間関係がこじれても仕方がない。

理想を手にするために、何かを犠牲にしなければならないと思っていると、夢を叶えることに、ブレーキがかかります。

叶えたいとは思うけれど、犠牲が大きければ、大きいほど、代償を払うことを心の奥で拒否するのは当然のことなのです。

「犠牲を払わなければならない」というのは、多くの場合、思い込みです。夢を叶えるのに、生贄を捧げる必要はないのです。

この「思い込み」にはいろいろなものがあります。

「お金は使ったらなくなるもの」

と思っていれば、お金は使わずに貯めておくでしょう。

お金持ちほど、「お金は使ってもなくならない」と思っています。

ビジネス、お金、人間関係などなど、人はいろいろな場面で、様々な思い込みを持っています。

まずは、この思い込みに気付きましょう。

思い込みに気付いたら、第7、8章でお伝えした「思い込みを書き換える方法」で、思い込みを「理想の思い込み」に変えてください。


家族と幸せに過ごしながら、ビジネスも成功している人はいます。

ビジネスが成功しても、自由な時間を持っている人はいます。

無理して、頑張らなくても上手くいっている人はいます。

自分のやりたいことをやりながら、多くの人に応援されている人はいます。

お金を使っても、使ってもなくならないお金持ちの人もいます。


知らず知らずのうちに作ってしまった「自分の枠」を壊さなければ、外の世界に出ることはできません。

今の枠とは全く異なる枠が存在することを、知ってください。あなたはいつでも、自由に自分が持つ枠を持ち替えることができるのです。

自分が信じているものが、
「本当に真実なのか」
一度疑ってみてください。

もしかしたら、疑うその先に、「あなたが望む真実」が存在するかもしれません。

◉人は知らないことを選択することができない

「おいしいラーメン屋がある」ということを知っていれば、あなたはそのラーメン屋がどこにあるのかを調べることができますし、食べることもできるでしょう。

けれども、もし、世の中においしいラーメンというものが存在するということを知らなかったらどうでしょう?

あなたはおいしいラーメン屋があるということを知らないわけですから、ラーメン屋の場所を調べることはなく、当然おいしいラーメンを食べることはできません。

あなたの理想の世界も同じです。

自分とは全く違う考え方や、真逆の考え方が存在することを知らなければ、あなたは学ぶことも、思い込みを書き換えることもできず、当然理想の世界に辿り着くことはできません。

知らない世界を知るために、メンターの存在が必要なのです。

一流のメンターは一流であるがゆえに、時間的にも心理的にも気軽に相談しにくいのが普通です。とはいえ、相談しやすい三流のメンターだけでは、一流の世界を知ることはできず、一流の世界をイメージすることもできないので、自分が一流になることもできなくなります。

可能であれば、一流のメンターと身近なメンターの両方を持ち、身近なメンターに相談しながら、自分のステージを上げていきましょう。

自分のステージを上げることができれば、最初は遠くの存在であった一流メンターと、やり取りできる日が必ずやってきます。

自分の知らない世界は、自分で広げることはできません。誰かに広げてもらうしかないのです。

知らない世界を、知っている世界に変えましょう。

そして、もう1つ大事なことは、知らないことを知った時に動くあなたの感情です。

今までとは違う考え方に。
全く知らなかった世界に。
今後への期待に。

あなたは、感動することができるでしょうか？
あなたが感じた感動が、人の感情を動かし、人を感動させることができます。

ただ単に、ノウハウを実行に移すだけなら、ＡＩでもできるかもしれません。
あなたが感じた心と共に、行動に移してください。

それはビジネスの誰かに対するサービスかもしれません。
大切なパートナーや家族への言葉や態度なのかもしれません。
新しいお金の使い方なのかもしれません。

何にしても、あなたの心と共に、移した行動はきっと相手に伝わります。
あなたの心が、誰かに伝われば、さらにその人が関わる誰かに伝わっていきます。

世の中に情報が溢れている時代に、心が伴っているかどうかは、すぐに伝わります。

知らない世界を知り、新たな世界を選択してください。

その時感じた感情が、また誰かに新たな世界を見せることにつながるでしょう。

◉人望のある人が持つ器のバランス

「人から応援される人になりたい」

「多くの人に愛される人になりたい」

そう思う人は多いでしょう。


人望がある人は、器を２つ持っています。

「与える器」

「受け取る器」

まず与える、というのはよく言われることです。

与える器が小さい人に、人がついていかないのは、簡単に想像できるでしょう。

それでは、与える器が大きければいいのかというと、それだけでは不十分です。

与える器が大きくても、受け取る器が小さい人は、与え損になってる場合が多いのです。

与える器にしても、受け取る器にしても、

「この器をどうやって広げたらよいのか？」

と聞かれたら、答えられる人は少ないのではないでしょうか。

「器を大きくしたいけれど、その方法が分からない」というのが本音でしょう。

器を広げるにも、「感情」がキーポイントになります。

感情に流され、周りに悪影響を与える人が好かれるわけがありません。

人望が厚い人は、「許す心」や「信頼する気持ち」、「愛」を持っています。これらは、自分の感情と向き合うことで、大きく育っていくのです。

ものすごい経験をしている人程、器が大きいのはそのせいかもしれません。様々な経験と共に、感情や自分自身と向き合ってきたのです。

感情からのメッセージを受け取ることができたのならば、同じようなネガティブな出来事は起こらないのと同時に、周りの人を許し、理解できるようになっていきます。

ネガティブな感情からの意味を、１つひとつ受け取ることで、あなたの器も少しずつ広がっていくのです。

広がった器は、自分の幸せを広げ、さらに与えることを可能にします。
与えることで、受け取る機会が増え、さらに受け取る器を大きくするのです。
あなたの周りにいる、人望が厚い人を探してみてください。
きっと「感情の器」も大きいはずです。

つまり、感情からのメッセージを読み解く5つのフェーズは、あなたの持つ2つの器を広げ、人望につながっていくのです。

◉「感謝」と「与える」の落とし穴

「感謝をするといい」

「まずは先に与えなさい」

というのは、よく言われることです。

私自身も、多くの本を読み、セミナーに参加し、学んだ通りに実行してきました。

ただこれは、受け取る器の小さい人＝自己犠牲の人には当てはまらないことが多いのです。

感謝といわれるので、全てに感謝しようと思う。私の場合、モラハラやパワハラをしてくる人にすら、感謝を見出そうとしました。

与えるものが受け取るもの。

この言葉を信じ、パワハラやモラハラをしてくる人を愛そうとしました。自分が傷つけられるのは、相手を愛していないからだと思っていました。

普通に考えれば、自分を傷つける人に対して「ノー」ということや、拒否や距離を置くことは、ごくごく自然なことなのですが、自分よりも相手を大切にする人は、それでも自分が悪いと思い込み、自分の間違いや至らない部分を反省し、自分を責めるのです。

相手や周りを大切にする人が、一番先にやるべきことは、自分を大切にすることです。

このことに気付くのに、私は約3年かかりました。

自分のコップに水が入っていないにもかかわらず、他人に水をあげようとする。カラカラに乾いたスポンジなのにもかかわらず、相手のために水を絞ろうとして、ボロボロになっていたのです。

ここに気付いたから、全て解決したかというと、残念ながらそうではありませんでした。

自分よりも相手を大切に考えてきた人にとっては、どうやったら自分のコップを満

たせるのかが分からないのです。

最初は自分のコップを持っていたはずなのに、相手のコップを満たそうとすることに夢中になり、いつの間にか、誰かのコップをたくさん持っていて、自分のコップがどれなのか分からなくなってしまったようなものです。

自分が好きなものは何なのか？
自分がワクワクするものは何なのか？
自分が感動するものは何なのか？
自分が喜ぶものは何なのか？
自分が最も嫌いなものは何なのか？

自分のコップを満たす方法は、感情が教えてくれます。

「嬉しい」「楽しい」「心地良い」

ポジティブな感情を大切にしながら、

「怒り」「嫌な事」「寂しさ」

自分のネガティブな感情も大切にしてください。


自分よりも相手を大切にしてきた人は、自分の痛みを我慢できてしまう傾向にあります。

自分の辛さに敏感になってください。

ネガティブな感情はひっくり返すことで、あなたの大好きなものや大切なものに気付かせてくれる重要な存在へと姿を変えます。


嫌なことは何ですか?

腹が立つことの裏側に何が見えますか?


人によっては、感謝と与えることが理想の実現を遠ざける場合もあるのです。少しわがままになることが必要だったりもするのです。

◉目的に感情は伴っているか？

目標達成ができない人は、「そもそも何のために？」という目的がない場合が多いのですが、目的があってもなかなか達成できない人もいます。

目的があっても達成できない人は、この目的に自分自身の感情が伴っていない場合が多いのです。

コンサルティングで経営者に、「そもそも何のためにこの会社が存在しているのか？」を質問することがあります。

この質問に明確に答えることができる会社は、売り上げや利益も順調で、離職率も低いことが多く、比較的採用も上手くいきます。

経営者の方がこの質問に答えられなかったとしても、会社のHPを見ると、ビジョンや経営理念がしっかりと書かれていたりします。

「HPにありましたよね？」

とさらにつっこんだ質問をすると、

「理念はあったほうがいいと思いまして……」

「先代社長が考えたもので……」

といった答えが返ってきたりします。

このような会社は、社員のエンゲージメントが低く、離職率が高く、採用もかなり苦戦します。

つまり目的はあるけれども、感情や情熱が伴っていないのです。

経営者に情熱がなければ、熱意がスタッフに伝わることはありません。

持続可能な利益を生み出す会社の経営には、会社のビジョンと個人のビジョンを一致させるとよいと言いますが、ビジョンが明確になっていない会社も存在しているのです。

仮に会社のビジョンが明確であったとしても、社員のビジョンが明確になっていないこともあります。

世論調査や人材コンサルティングを手掛ける米ギャラップ社が、世界各国の企業を対象に実施した従業員のエンゲージメント（仕事への熱意度）調査によると、日本は「熱意あふれる社員」の割合が６パーセントしかないことが分かっています。米国の32パーセントと比べて大幅に低く、調査した１３９カ国中１３２位と最下位クラスでした。

この調査結果を証明するかのように、実際に経営者から、

「面談で社員にやりたいことを聞いても、社員が答えられないので、困っている」

という声も多く聞かれます。


仕事の目的がない、分からない。

目標を設定してはみたものの、

「努力しなくても達成できそうなものを適当に」

「上司や周りの印象が良さそうな目標を設定しておけばいい」

「決めろと言われるから仕方なく」

という目標設定もあり、これでは実現することが難しいのは当たり前のことでしょう。


自分が何に情熱を感じ、どんなことにやりがいや達成感を感じるのか?

自分を知らなければ、個人のビジョンを明確にすることはできず、個人のビジョンがなければ、モチベーションも上がらず、言われた事をただこなすだけの、受け身の仕事になってしまうでしょう。


目的を明確にするには、自分自身を知る必要があります。

自分自身を知るには、自分の感情がヒントになります。

ポジティブな感情とネガティブな感情が、自分自身がどういう人間なのかを知ることにつながり、自分自身の幸せとは何か？　を知ることになるのです。

◉感情には時間軸が存在する

ビジネス、人間関係、パートナーシップ……。どの分野でも、理想を実現させるためには「行動」が必要ですが、「なかなか行動ができない」という人も多いのではないでしょうか。「簡単に行動できれば、苦労しないよ！」というのが本音でしょう。

行動ができないのには、感情と時間が関係しています。

感情には時間軸が存在し、「過去の感情」「現在の感情」「未来の感情」があるのです。

感情の時間軸に惑わされることが多いのは、第4章でお伝えした望みを叶える5つのステップで見ていくと分かりやすいでしょう。

ステップ1では「理想を自由に設定する」のですが、ここでつまずく人は過去の感情に囚われる人が多いのです。

「今までできなかったから、きっとまたできない……」

「自分には才能がない……」

「あまり高望みしすぎても、叶うわけがない」

過去にできなかったのに、未来でいきなりできるようになるわけがない。

これらは過去の感情を引っ張りだしてしまっているのです。

過去のものにもかかわらず、引っ張りだされた時点で、人は現在の感情と勘違いをしてしまいます。過去の感情に囚われていては、理想を自由に設定することはできません。

未来を考える時に、過去の感情は関係ないのです。

ステップ２では、もう叶っている状態に「意識のチェンジ」をすることが必要なのですが、これは未来の感情です。

ここでも過去の感情に囚われると、とうてい叶わないと思ってしまうのです。

ステップ３の「叶った感情を味わう」のも同じく未来の感情です。

過去の感情はいったん脇に置いておき、未来の感情を自由に感じることが大事なのです。

ステップ4では、「達成感情の状態で行動する」でした。これは未来の感情を引っ張り出し、現在の感情に勘違いさせる作業なのです。つまり先程お伝えした感情に囚われて動けなくなる状態の真逆を行い、動ける感情にわざと囚われるのです。

過去の感情を引っ張りだして、今の感情と勘違いすることができるのならば、未来の感情を引っ張りだして、今の感情と勘違いすることもできるのです。

ステップ5では、「より良い結果への余地を創る」でしたが、これは現在の感情です。今の感情を見つめ直し、自分の執着に気付く必要があるのです。

感情には時間軸があり、行動できない時は、感情の時間に混乱している場合がほとんどです。

感情の時間軸をそれぞれの場面やステージによって使い分けることが、あなたの理想を実現させるのです。

第10章 間違いやすい感情のサイン

感情はいろいろなメッセージやヒントをくれるのですが、ネガティブな感情の中に、間違った解釈をしてしまいがちな、やっかいなものが含まれています。

本書でお伝えしてきたことを、実際に行動に移した時に、あなたはもしかしたら、このややこしい感情と出逢うことになるかもしれません。

この章では、これらの間違えやすい感情をいくつかご紹介していきます。

今、お伝えしておくことで、あなたは「予備知識」を得ることができます。

あらかじめ分かっていれば、「はいはい。来ましたね」と動じることなく対処することが可能となり、「もしかしてこれは、あのことか？」と解決のヒントを得ることができるでしょう。

◉「やっぱりやめておけばよかったと思う」の勘違い

何かを新しくスタートした時に、

「やっぱり自分は間違っていたのではないか？」

と思うことがあります。


今までと違うことにチャレンジする時に、よく起きることです。

結論から言えば、こんな時は間違っていないことが多いのです。


多くの場合、ここに「時間差」があるのです。

この時間差は、「付き合う人」「今までの古い習慣」「これまでの考え方やマインド」など、これまでの過去と、チャレンジした行動に少しだけ差が出るのです。

この時間差を理解するために、例えば「焼肉定食を注文し、口数の少ない店員が料理を運んでくる場面」をイメージしてみてください。

焼肉定食を頼んだら、最初にサラダが運ばれてくる。気配りができる店員なら、「焼肉はすぐにお持ちしますね」と声をかけるでしょう。でも口数が少ない店員なので、何も言ってはくれません。

あなたは、「自分は間違えて注文したのか？」と疑問を持つかもしれませんが、定食なので、サラダはついてくるのです。

肝心の焼肉が運ばれてこないことを不安に思いながらも、待っていると多くの場合、次にごはんが運ばれてくる。

さらに不安が増しているところに、みそ汁が運ばれ、追い打ちをかけるのです。

人生もこんな感じです。

「このあとちゃんと焼肉が運ばれてくるから（あなたの望みは叶うから）安心して大丈夫」と教えてくれる人は誰もいない。

誰かの反対や上手くいかないことなど、自分の行動が間違っていたのではないか？と疑い、不安に思うようなことが度々起きるのです。

新たに行動した自分は、注文をした時のようなものです。理想の世界は一度に運ばれてくることはなく、少しずつ時間差で自分の元に届きます。この時間差は今までの自分と違いがあればあるほど、大きな差になるのです。イメージと違うものが届くので不安になり、不安を感じる度にこれでいいのだろうか？と迷うかもしれません。

この迷いに自分で答えを出すことは、過去の自分や古い習慣など、変えるべきものを変え、自分を成長させるために必要なプロセスです。

あなたが決してやってはいけないことは、頼んだものが出てこないからと、店を出てしまうこと。つまり、せっかくスタートさせたことをやめてしまうことです。もしあなたが、自分が本当に望むことに対して行動を起こしたのであれば、そのまま進めばいいのです。

もし、自分の決断を疑い、不安に思うようなことが起きたら、むしろ正しい道を進んでいる証拠です。

「焼肉定食のサラダが来たぞ」と思って笑い飛ばし、信じた道を進めばいいのです。

◉理想のニアミスに用心せよ

行動を始めた時に、理想に近いことが起きることがあります。

この「近い」というのが曲者です。


多くの人が、近いので「理想が実現した」と勘違いして飛びついてしまいたくなりますが、理想通りでなければ、断ることや手放すことも必要なのです。

例えば、パートナーが欲しいと思っていたら、誰かとお付き合いできる機会が出てきた。でも理想のパートナーとはちょっと違う……。

これまで独りだったことを思えば、「パートナーができるだけいいか」と思ってしまいがちで、こういう時に限って上手くいきません。

もし違うなら、断らなければ次の出逢いはないのです。

私はこの状況を、よくチョコレートパフェに例えて説明をします。

パフェが出てきたけれど、バナナがのっていない……というのであれば、ちょっと違うけどまぁいいかではなく、バナナがのっているパフェをちゃんとイメージし直す。さらにバナナだけでなく、ウェハースの形やさくらんぼ、のっているアイスの大きさやバニラなのかイチゴなのかというアイスの味まで明確にして、細かい注文をする必要があるのです。

自分の未来に、人生に妥協をしてはいけません。

ニアミスが起きたら、もう一度、理想を明確にイメージし直してください。

「近いけれども、ちょっと違う」

この「ちょっと」が「具体的にどう違うのか?」を明確にすることが、あなたの望みをよりクリアにしてくれるでしょう。

◉願いが叶わないのは幸せの準備のサイン

「なかなか結果が出ない……」

「もう少しで上手くいきそうだったのに、最後の最後でダメになった……」

こんな時は、立ち直れないほどの絶望感に襲われることでしょう。

これは、もっと良い結果が起きるサインです。

「あの時上手くいかなかったから、今これだけ良い結果が出ている」

「もしあのタイミングだったら、きっと失敗していた」

後々になって、ダメになって良かったと思うのですが、絶望感でいっぱいな時点では、そんなことを考える余裕はありません。

絶望という感情に寄り添い、気持ちが落ち着いてきた時にやっと、いろいろなことを振り返ることができるようになるでしょう。

続けることが、より良い結果を生み出す。

もし上手くいかないことがあっても、「さらに良いことが起きる」と信じ、より大きな幸せを受け取る準備をしてください。

◉不安と未来を結びつけない

何かの事柄が起きると、感情が動きます。

逆に言えば、感情によって、今起きている事実に対する印象は変わるのです。

特に不安の感情はやっかいで、不安が大きくなると、「何か悪いことの暗示ではないか」と思ってしまうのです。

「やっぱり辞めたほうがよいというサインだ」

「自分には向いていないというメッセージだ」

普段は目に見えないものを信じていなくても、なぜかこんな時だけ、何か悪い予告のように思えてくる。

不安と暗示は必ずしもイコールではありません。

不安と未来を結びつけないでください。

不安が大きくなる時は、複数の気持ちが絡んでいることが多いので、感情に寄り添うことで、1つひとつ整理をしていきましょう。

コップ半分の水を「もう半分しかない」と思うのか「まだ半分もある」と思うのかと同じように、

感情で事柄の印象が変わるのであれば、あなたはネガティブにも、ポジティブにも、どちらにでも変える力を持っているということです。

優秀な人ほど、リスクマネジメントを考え、事前に上手くいかない理由を探しますが、不安になった時は逆に「上手くいく理由」を探してください。

これまでの経験や準備、小さな成功体験、友人や大切な仲間からもらった言葉など、

1つひとつを思い出し、その時のポジティブな感情にフォーカス先を変えてください。

上手くいくエビデンスを探し、不安とは逆の上手くいく感情を味わうのです。

不安を、未来への暗示と思ってしまうのならば、感謝や達成感や喜びを、未来への暗示と思うこともできるはずです。

◉決断は先送りしてもいい

行動するためには、自分自身の深いところで決める＝「決断」が必要です。

だからこそ、人は決めようとする。

本当の意味で、決断することは重要なのですが、決断できないことが悪いことかというと、必ずしもそうではありません。

「決断できない自分はダメだ」

「決断できないと前に進めない……」

決断することが全てだと思ってしまうと、目的が決断することになってしまい、何のために決めるのかという本来の目的を見失ってしまうこともあるのです。

決断が行動できない原因になっているのであれば、**時には決断を先延ばしにして、「今決めないことを、決める」というのも1つの決断です。**

第3章でお伝えした「決断できない人が9割」ということに矛盾するかもしれませんが、これこそが同じく第3章でお伝えした「真逆の理論が正しい理由」です。

「曖昧さを許す」

「白か黒かではなく、グレーもOK」
「今じゃなくても、いつでもいい」
「決まってないけど、進んじゃえ」

前に進めるのではあれば、完璧じゃなくてもいい。
ベストな決断は今じゃないほうが良いかもしれない。

直感で即決することが大事なこともあれば、じっくり調べて検討するために決断を先送りにすることが大事な時もあるのです。

感情的にスッキリしないのは、気持ちが悪いことですが、時には「モヤモヤを持ったままでいる」という正解があるということも知っておいてください。

決断しないことを決断する、でも良い

第11章

未来につながる行動をするための感情術

◉達成感情に周囲を巻き込む

娘が志望校（高校）を決める時、私は全ての学校見学についていきました。中学2年生から見学に行き、全部で5校の見学に行きました。1校で2回以上行ったこともありますので、延べ回数にしたら、ついていくのも結構大変な数でした。

見学についていくのは、娘が志望校を決めるサポートというのはもちろんですが、もっと大事にしていたのは「私自身のイメージ」です。

やりたいことがある娘は、私立の高校を希望していました。
中学2年生のある日、私はリビングのドアに何かが書かれた白い紙が貼られていることに気が付きました。

娘の目標です。

知ってか知らずか、15歳にして彼女は、願望達成の本質を実践していたのです。

これを見た時、正直「ヤバイ」と思いました。
こんな時に親ができることは、2つしかありません。
1つは「子どもの可能性を信じること」。
そしてもう1つは「お金を用意すること」です。

私自身が「好きなことをやること」を多くの人に勧めている以上、「シングルマザーでお金がないから、子どもに私立の高校、つまり夢を諦めさせる」という選択肢はありませんでした。

娘が目標を貼りだしたのを見て、中学2年生の当時は成績が全然足りていなかったのですが、「この子は夢を叶える」と確信しました。

つまり、子どもが私立の高校に通えるだけの費用を自分で稼ぐ必要があり、「ヤバイ！　稼がねば！」と思ったのです。


学校見学についていったのは、どの学校であったとしても、娘が第一希望の学校に合格した時に「余裕で学費を払っている自分自身の姿」をイメージするためです。

ある高校では、鞄が3種類ありました。（マジか！　複数欲しいと言われたらどうする?）

ある高校は、始業式などに着る指定の制服と、オプションの制服の2種類があり、どちらを着てもいいのですが、在校生をみるとほとんどの人が、オプションの制服を着ています（つまり、両方買え！　ということか！）


どんな場面になっても、余裕で稼ぎ「心配しなくても好きなものを買えばいいよ」

と言っている自分をイメージしました。

達成感情で行動するためには、明確なイメージが必要です。

子どもが希望の学校に合格し、その制服を着て、毎日楽しく学校に通い、夢を叶えている。

私にとって子どものイメージをすることのほうが簡単で、お金の心配をせず、余裕でポンと学費を支払う自分自身をイメージすることのほうが大変でした。

子どもの可能性を信じることより、自分の可能性を信じることのほうが、遥かに難しかったのです。

今は私立でも助成があり、教育ローンもある。そういう意味では学費を払う選択肢はあるのですが、学費以外にかかるお金もあり、借りたものは返す必要がある。

何年もかかってローンを返している自分ではなく、稼いでいる自分をイメージするには、ビジネスが上手くいっている必要があります。

単に事業計画を立てるより、自分の夢と、子どもの夢を一緒に叶える。大切な人の夢も一緒に盛り込んだ「達成感情」のほうが、遥かに幸せで感謝に溢れています。

明確なイメージには、その時一緒に過ごす人など、あなたのドラマの登場人物も背景も全てイメージしてください。パートナーや家族、チームの仲間、プロジェクトのメンバー、従業員やその家族の最幸の未来を共に考えるのです。

あなたの夢に周りも巻き込みましょう。

逆にあなたの大切な人の夢は、自分の夢でもあるのです。

この達成感情で計画を立てたほうが、良いプランが浮かび、行動した時にも遥かに上手くいくのです。

◉感情も可能性も人それぞれ

あなたの理想や夢は、あなただけのものではありません。

あなたが理想をイメージしたら、必ずそこに関わる誰かが存在します。

例えば、卵アレルギーの子でも食べられるようなケーキを作って、ケーキ屋さんを開きたいと思ったら、どこかにアレルギーで卵が入っているケーキが食べられない子どもがいるのです。

あなたの夢は、ケーキにろうそくを立てて、友達や家族と一緒に誕生日をお祝いするという、卵アレルギーを持つ子どもの夢を叶えることになります。

お金はサービスに対する対価です。

サービスには必ず顧客という受け手が存在します。
誰かを喜ばせ、誰かを幸せにすることで、感謝というお金をいただくのです。

夢に向かって、あなたが行動することは、誰かの夢を叶えます。

忙しいだの、お金がないだの、何かと理由をつけて、あなたが行動しないことは、あなたのサービスを受け取るはずであった誰かの幸せを先延ばしにすることになります。

学生時代の私の進路選択は、入れる高校に入り、入れる大学に入り、入れる企業に就職することだったので、偏差値や当時の自分で実現可能な範囲内という限られた選択肢しか持っていませんでした。
私が高校や大学で講演やキャリアコンサルティングの仕事に携わっているのは小さな範囲内で、自分の進路＝人生を選ぶのではなく、本当に心から望むことで、進路選択をしてほしいという気持ちが、ずっと私の中にあるからなのです。

ある高校で講演をした時に、未来のビジョンを考えてもらったことがありました。
高校生が書いた夢を見て、15歳や16歳で「○○で人を幸せにしている」と書いた生徒が、私が想像していた以上に多かったことに私は心から感動しました。

彼女、彼らの夢は、それを望む誰かの夢でもある。
それを大人が奪ってはいけないと心から思った瞬間でした。

実際に私が専門学校で広報（学生募集）の仕事をしていた時には、大人の言葉で夢を諦める子や、経済的な事情や兄弟、姉妹のことを想い「空気を読んで」進学を断念する子ども達をたくさん見てきました。

子どもたちの夢を奪うのは、「大人の思い込み」と「大人の恐れ」という感情です。

ついつい、自分の恐れを正当化して、もっともらしく他人に説明や説教をしてしまいがちですが、自分の感情と他人の可能性は全く別のものです。

自分の可能性を信じられなかったからといって、他人の可能性も同じとは限りません。これはたとえ自分の子どもであってもです。

もっと言ってしまえば、自分の可能性を信じられないから、他人の可能性を信じられないのです。

自分の可能性を信じられるようにするには、自分と向き合うしかありません。感情を深掘りし、感情からのメッセージを読み解くことは、恐れや疑いや、自信のなさがどこからきているのかということに気付くことになるでしょう。

「どうしたら叶えることができるのか？」という質問の答えは、怒りや、嫉妬や、諦めの感情の中に、隠されているのです。

◉迷った時の行動の仕方

やるか？　やらないか？
どっちを選択するか？
辞めるか？　続けるか？

人生は選択の連続で、迷うことの連続です。
迷う度に人は、答えを求めて誰かに相談するのですが、結局決めるのは自分です。

ではどうやって決めたらよいのでしょう？

正しい選択は、思考ではなく「感情」が教えてくれます。

頭で考えれば考えるほど、物事は複雑になるとよく言われます。

ここにも順番があり、

「まず感情で決める」


全てを脇に置いといて、どうしたい？　と自分に聞いた時に、

「やりたい」「本当はやりたくない」

「本当はこっち」

「本当は辞めたい」「辞めたくない」

があるはずなのです。


仮に、本心とは逆の選択をした時をイメージしたら、なんとなく、

「嫌な感じ」

「無理をしている感じ」

「仕方なくの自分」

といった、窮屈な感情を抱いているはずなのです。

感情的に答えが出ていたとしても、決断できないのは、逆の理由を思考が見つけてくるからです。

もちろん、現実的には様々な乗り越えるべき壁が存在しているわけで、ただ楽観的に「どうにかなるさ」で動いても上手くはいかないでしょう。どうやって、という手段は考える必要があるのです。

感情的に結論を出してから、思考に「どうしたら、それを実現できる？」と質問しましょう。

脳は質問をしたら答えを探す性質がありますから、「なぜできないのか？」と問いかければ、できない理由がいくらでも出てきます。

思考と感情を、うまく使い分けましょう。思考にはできない理由ではなく、「できる理由」のために動いてもらうことが、達

成する習慣を創るのです。

◉プロセスは「適当」がいい

目標設定しても、達成できなかった……。

行動しようとしても、できなかった……。

こんな時はよくあると思いますが、多くの場合は「全てに完璧を求めている」からです。

子どもの頃から、結果に対する評価に慣れているので、途中のプロセスにも結果を求め、この結果に対し評価をしてしまう。

途中経過の評価が悪いと、その先の行動に支障が出るのは当たり前です。

あなたが評価すべきは、結果ではなく、プロセスに対する行動です。

「トライしてみた」「一歩踏み出してみた」「考えてみた」。
どんな小さなことでも、行動に対する評価、つまり自分自身に対する「共感」と「承認」が必要なのです。

たとえ失敗したとしても、チャレンジした。
まだ行動していなくても、考えてみた。
提案が通らなかったとしても、自分の意見を伝えた。

プロセスに対して完璧を求めず、ある意味適当でいい。

部下育成に、共感と承認が必要なことは多くの人が理解していると思います。

にもかかわらず、多くの人ができないのは、余裕がない人が多いからです。

余裕がないというのは、忙しいという時間的なものだけでなく、「心の余裕」です。

自分に対して共感と承認ができなければ、常に自分に厳しいので、心のゆとりがない。

心のゆとりがなければ、部下という他人に目を向ける余裕もなくなる。

自分自身の小さな「褒めポイント」を見つけることができなければ、部下や後輩の小さな褒めポイントに気付くことはできないのです。

自分自身を褒めることは、「自意識過剰」とか「自慢」や「エゴ」のように思えて、せっかくのポジティブな感情であるにもかかわらず、避けてしまう人も多いのではないでしょうか。

他人に自慢気にひけらかすことは、単なる嫌な人ですが、心の中で自分を褒めることは、誰にも迷惑をかけません。

「自分は凄い！」

「自分はよく頑張った！」

「これは自分にしかできない！」


ポジティブな感情も無視せず、大事に寄り添ってください。

むしろ、積極的に、認めてほしいのです。


自分に対する共感や承認が、他人への共感や承認につながります。

他人への共感や承認は、人と深くつながり、人望へとつながります。

人望は、応援や協力につながります。

ポジティブな感情は、一人ではできないことを、実現可能にさせてくれるのです。

◉感謝をすれば、悪いことは起きない？

よく「感謝をすれば運が良くなる」とか「全ては完璧」とか聞く人も多いかと思います。

それでは感謝をすれば、悪いことは起きないのでしょうか？
全てが完璧なら、悪いことは起きないのでしょうか？

毎日感謝をしていても、人生には必ず悪いことは起きます。

感謝をすれば、悪いことが起きないのではなく、
「悪い事ですら、感謝に変えられるか？」
「悪い事ですら、幸せのために起きている完璧な事と思えるか？」

なのです。

なぜこんなことが？
どうして自分がこんな目に？
そう思うようなネガティブな出来事に対する考え方を、感謝に変えられるマインドがさらなる感謝と運を引き寄せるのです。

だからこそ、悪いことが起きた時こそチャンスです！

5つのフェーズで感情からのメッセージを読み解くことができれば、きっと自然と感謝ができることでしょう。

なぜそれが起きたのか？
これを読み解くことができれば、自分が設定した未来を叶えるために起きた完璧な出来事だという意味が分かるはずです。

例えば、「年収のゼロを1つ増やす」という理想を設定したら、ゼロを増やした生活にふさわしい自分になっている必要があるのです。

「人としての器」「人望」「お金に対する考え方」「ビジネスのスキル」などなど、現在地の自分と、理想の自分を埋めるためのチャレンジ（困難な出来事）がやってきます。

これは自分がその未来を設定したからこそ、起きることです。

人としての器を広げる必要があるのなら、人間関係に悩むことになるでしょう。お金に対する学びが必要なら、借金やお金のトラブルを経験するかもしれません。ビジネスに対するスキルが必要であるならば、損失が出たり、できるかどうか分からないことに挑戦をする時がくるでしょう。

悪いことが起きた時は、乗り越えることで自分が成長し、その成長が理想を実現させるに値する、力を持った自分になるということを意味するのです。

次々とせまる困難という壁を乗り越え、理想の未来にふさわしい自分に成長した時に、あなたの願望は叶います。

これが分かっていれば、「理想の未来」と「今起きている悪い事」を照らし合わせることで、悪いことが起きた意味を知ることができます。

この意味を考えるきっかけが、ネガティブな感情なのです。

ネガティブな感情は、だからこそ「感謝」なのです。

◉根拠のない自信が運を良くする

運を良くするのは、実は簡単です。

「根拠のない自信を持つこと」

同じ出来事でも、人によって感じ方や意味付けが違うように、「運」も人によって違うと感じるのは、気付きの違いです。

例えば、「間に合わないと思っていた電車が、たまたま遅れていて乗れた」。この時に「自分は運が良い」と思う人と、ただ単に間に合ったというだけで、「運」のことは考えない人がいます。

実際には、電車が遅れたことは、運とは関係がないかもしれません。でも運が良い人は、「運が良い」と思うのです。

運が良いと思う人は、何が起きても運が良いと思っています。すると、運が良いと思う回数が増え、「自分は運が良い人」ということに対して、確信を持つのです。

確信を持つと、より良い運を引き寄せることになります。

つまり、運が良くなる秘訣は、「何が起きても、運が良いと気付くこと」ある意味「根拠のない自信」からスタートするのです。

これは、先程の感情を認めることに関連しています。
運が良い＝ポジティブな感情を、
「いやいやそんなことはない」と否定してしまうのか？
「そんなことはバカげている」と軽蔑するのか？
「運が良いから当然」と認めるのか？
「ラッキー」と子どものように喜べるか？

電車が遅れたことも、
誰かに偶然会ったことも、
たまたまの出逢いでビジネスが発展したことも。

「自分は凄い」と認めることができるかどうか。
「偶然や奇跡は自分が起こした」と根拠のない自信を持てるかどうかです。

ネガティブな感情だけでなく、ポジティブな感情も肯定して寄り添い、時には誇張してもよいくらいに認める。

ポジティブな感情への自分自身の対応が、偶然を増やし、勘違いを確信に変え、運を引き寄せ、本当の奇跡を起こすのです。

◉感情と未来への信頼度数が高まれば、夢は叶う

ネガティブな感情が「感謝の種」だということが腑に落ちれば、たとえ悪いことが

起きても、長い目でみれば、そこには何らかのメリットがあることに気が付くでしょう。

悪い事にもメリットがあることが分かれば、悪い事が起きることに恐れがなくなります。

たとえ失敗しても、それはさらに数年後の未来に向けて、何か自分にとって必要な成長のために、必須だったと思うことができるでしょう。


メリットを見つけることができれば、その時点で悪い出来事は悪い事ではなくなり、失敗は失敗ではなくなります。


「何が起きても大丈夫」と思えるようになるのです。

何が起きても大丈夫であれば、人生を、未来を信頼することができるようになります。

信頼できれば、チャレンジすることができるようになり、チャレンジすることができれば、成功する確率も上がります。

逆に言えば、人生を、未来を信頼するために必要なことは、ネガティブなことをメリットに変える力です。

何度もお伝えしますが、感情と向き合うことが、ネガティブなことをメリットに変え、未来を創るのです。

「人望」「器の大きさ」「成功」「幸せ」「パートナーシップ」。誰もが望むものを手にしている人に共通しているのは、「在り方」です。人としての在り方が、世界を、人生を、未来を変えていきます。

この在り方が素敵な人ほど、自分と向き合い、自分の感情と上手く付き合っています。

自分の感情と向き合った度合いが、あなたの人生や未来への信頼度数です。

自分の人生や未来への信頼度数が高くなれば、それだけあなたの人生や未来は展開していきます。

感情を無視するのではなく、ポジティブな感情もネガティブな感情も寄り添い、感情からのメッセージや意味を読み解くことで、あなたは人と深くつながり、多くの人から愛されるでしょう。

感情との付き合い方があなたの在り方を変え、理想の未来、あなたの願望はきっと現実のものになっていくはずです。

どんな感情も
理想の未来への力になる！

あとがき

自分自身の理想の未来を設定し、すでに叶った感情で行動するとお伝えしてきました。

つまり、私はこの本を読んでいただいている「あなた」との未来をイメージしながら、その感情を抱きながら、この本を書いています。

「たまたま本屋でみかけた」
「知り合いに勧められた」
「なんとなくインターネットにでてきた」
あなたとの出逢いはいろいろでしょう。

本を読んでいただき、あなたが感じている感情を私も今感じています。

過去を見つめ、自分と向き合うことを選択した方は、「悲しみ」「寂しさ」「憎しみ」「自己嫌悪」などの感情が出てきたかもしれません。

でもそこから、感情からのメッセージを受けとることができたのならば、「情熱」「気付き」「変容・変革」「感謝」「愛」を感じていることと思います。

いろいろな感情と共に、涙が溢れ、その涙を抱きしめながら今、私はあなたとこの文章の世界の中にいます。

私はこの涙が大好きで、泣くということなのだけれど、男女問わず美しい素敵な涙だと思っています。

泣きながら文章を書けることに、感謝の気持ちでいっぱいです。

世の中に情報が溢れ、本がたくさん存在する中で、あなたと出逢えたことには本当に喜びと感謝しかありません。

人生は辛いこともたくさんあります。

「恐れ」「苦しみ」「怒り」「嫉妬」「自己否定」などなど、ネガティブな感情を抱いた時に、この本が何かのヒントになれば幸いです。

ネガティブなことも、感謝につながるという気付きを得ることができれば、あなたの世界はきっと、違ったものになるでしょう。

この出会いをきっかけに、あなたの人生が愛に溢れ、幸せに、あなたの最幸の未来が実現できたなら、こんなに嬉しいことはありません。

そして、この本で「素晴らしい何か」を手にしたあなたと、どこかで再会することを、心から楽しみにしています。

神谷 海帆

神谷 海帆（かみやみほ）

株式会社ライフファシリ 代表取締役

感情コンサルタント®
採用・人財コンサルタント
２級キャリアコンサルタント技能士
産業カウンセラー

営業成績女性全国トップで表彰され、管理職まで任されるようになったものの、パワハラでうつ状態になり、完全に自分を見失った経験を持つ。このことをきっかけに「自分とは何か？」に向き合い、人生が激変する。何十年も他人に合わせ、自分の感情を殺して生きてきたからこそ、感情の活かし方を熟知。やがて、ネガティブな感情から才能や本質を見出し、自分も周りも幸せにするオリジナルの感情メソッドを開発。

EH(Employee Happiness) や従業員エンゲージメントを高め、本人が気付いていない強みを見出すことで、企業の魅力を発掘することを得意とする。
個人向けセッションやセミナーを精力的に開催し、企業対象に１年間で約40社（訪問200回）を超えるコンサルティングを通して累計3000人と関わり、人と企業が輝く支援を行っている。娘２人のシングルマザー。

ＨＰ：http://life-facili.com/

ブログ：https://ameblo.jp/life-facili

装丁／冨澤 崇（EBranch）
イラスト／滝本亜矢
校正協力／伊能朋子
編集／小田実紀
制作協力／ a.iil《伊藤彩香》

本書のご注文、内容に関するお問い合わせは
Clover 出版あてにお願い申し上げます。

100%仕事で折れない 感情マネジメント

初版1刷発行 ● 2021年4月21日

著者

神谷《かみや》 海帆《みほ》

発行者

小田 実紀

発行所

株式会社Clover出版
〒101-0051 東京都千代田区神田神保町3丁目27番地8 三輪ビル5階
Tel.03(6910)0605 Fax.03(6910)0606 http://cloverpub.jp

印刷所

日経印刷株式会社

ISBN978-4-86734-015-8 C0030